新起点“中文+”系列教材
Starting Line—A Series of “Chinese +” Textbooks

国际学生通识核心课程教材
A Core Textbook for General Education of International Students

管理中文

Chinese for Management

主编 王尧美 蔡燕 张晓峰

副主编 方雪 何振科 王晶 张举英

编著者 蔡燕 方雪 何振科 张举英 刘威童 刘懋圻 杨子林

北京语言大学出版社
BEIJING LANGUAGE AND CULTURE UNIVERSITY PRESS

图书在版编目（CIP）数据

管理中文 / 王尧美，蔡燕，张晓峰主编 ； 方雪等副主编 ； 蔡燕等编著. -- 北京 ： 北京语言大学出版社，2025. 6. -- ISBN 978-7-5619-6786-7

Ⅰ. H195.4

中国国家版本馆CIP数据核字第2025GQ0594号

管理中文

GUANLI ZHONGWEN

排版制作：北京创艺涵文化发展有限公司
责任印制：周　燚

出版发行：北京语言大学出版社
社　　址：北京市海淀区学院路15号，100083
网　　址：www.blcup.com
电子信箱：service@blcup.com
电　　话：编 辑 部　8610-82303390
　　　　　国内发行　8610-82303650/3591/3648
　　　　　海外发行　8610-82303365/3080/3668
　　　　　北语书店　8610-82303653
　　　　　网购咨询　8610-82303908
印　　刷：河北赛文印刷有限公司

版　　次：2025 年 6 月第 1 版　　印　　次：2025 年 6 月第 1 次印刷
开　　本：889 毫米 × 1194 毫米　1/16　　印　　张：8
字　　数：115 千字
定　　价：45.00 元

PRINTED IN CHINA

编写说明

《管理中文》是在“中文 + 管理”理念指导下，依据《国际中文教育中文水平等级标准》《HSK 考试大纲》，以管理学专业本科教材《管理学》为蓝本编写的供管理学专业来华留学生使用的中文教材，旨在帮助学习者提高在管理学领域学习和实践中运用中文的能力，了解管理学一般原理以及管理学专业相关知识和理念，增进学习者对中国管理文化的理解，提升学习者的跨文化管理及相关交际能力。

1. 适用对象

本教材以对话、讨论等形式对“管理学”课程内容进行改编，适用于达到《国际中文教育中文水平等级标准》初等三级的管理学专业来华留学生，也适用于想了解管理学的海内外中文自学者。

2. 教材目标

本教材的编写注重科学性、实用性、趣味性，强调在“典型工作任务”和“典型工作场景”中学习、运用中文；选择典型的语料，使学习者的中文知识、社会文化知识学习与管理学知识学习相结合，以实现中文、文化和管理学三者相融合的编写目标。

语言目标：培养学习者的中文听、说、读、写技能，提高学习者在日常生活中运用中文进行交际的能力。词语、常用表达的释义和讲解符合《国际中文教育中文水平等级标准》四级和五级的要求。

跨文化交际目标：学习者通过学习管理学知识，可以增进对中国管理文化的理解，提高跨文化交际能力，增进对管理领域多元文化的理解。

专业中文目标：本教材的内容章节安排以管理学专业本科教材《管理学》为蓝本，学习者通过学习本教材，可以掌握管理学专业词汇、熟悉典型案例和管理任务，提高在管理学专业学习和工作交际场景中运用相关知识解决相关问题的能力。

3. 教材内容

本教材共十五课，依据管理学知识由易到难进行阶梯性设计。具体内容包括：介绍管理学的基本概念和作用、探讨管理理论与流派演变、探讨文化对管理学的重要性、强调企业担负社会责任的重要意义、探讨如何改进管理过程中的决策效果、介绍目标管理的概念和方法、探讨组织设计的基本原则、强调人才管理的关键性、探讨如何提升管理者的领导力、探讨激励理论和如何激励团队人员、强调沟通在管理中的重要作用、介绍管理控制的基本概念和分类、分析危机管理的原则和策略、探讨创新管理的重要性和方式方法、介绍管理领域的最新趋势。每课建议教学时长为 2 课时，全书可供一学期 32 课时教学使用。

教材即将出版之际，感谢教材审稿专家和北京语言大学出版社提出的宝贵修改意见和建议。

编者

2025 年 5 月

本书主要人物

李文

管理学专业大一中国学生

东方

管理学专业大一留学生

李总

公司总经理

张老师

管理学专业教师

目　录

第 一 课　管理学是什么？……1
第 二 课　管理学理论的起源和发展……7
第 三 课　文化对管理研究有多重要？……15
第 四 课　企业还需承担社会责任……22
第 五 课　怎样改进决策效果？……29
第 六 课　怎样才算进行了目标管理？……35
第 七 课　组织设计要把握哪些原则？……42
第 八 课　把合适的人放到合适的位置……49
第 九 课　管理者如何提升领导力？……56
第 十 课　怎样激励大家去打拼？……63
第十一课　沟通的类型有哪些？……70
第十二课　控制的内容是什么？……77
第十三课　危机来了怎么办？……84
第十四课　如何进行创新管理？……90
第十五课　管理创新前沿……95

词语表……101

第一课 管理学是什么？

学习目标

1. 语言功能：能够介绍自己的专业；能够通过举例和按顺序介绍的方法介绍某事某物。
2. 语 言 点：连词“甚至”；介词“关于”；承接复句“首先……，其次……”；固定结构“拿……来说”。
3. 专业知识：初步掌握管理学概念。

一 课文 01-01

（大学中外学生课堂课后聊天儿）

李文：东方，今天的课都能听懂吗？

东方：能听懂，就是我对管理学这个专业还不太了解，我特别想知道咱们毕业后能不能去公司当经理。

李文：哈哈，很多人都以为学了管理学专业就可以去公司当经理，那当然不是啦。想成为管理者需要不断积累经验和技能，当然也要学习管理学知识。

东方：我想也是。今天上课讲到管理学专业具有综合性特点，是交叉学科，咱们除了要学习管理学理论知识，还要学习经济学、统计学、心理学等，甚至要去各个单位做调查。咱们专业包含的内容真是丰富！

李文：你听课听得不错啊！现在，有不少具有管理者身份的人都来进修管理学专业呢，比如公司的董事长、总裁、经理啊，政府部门的市长、部长啊，甚至足球教练。

东方：关于咱们专业，你懂得真多。那学好管理学知识，对咱们个人有什么益处吗？

李文：管理学可以说是无处不在，无时不有。首先，学好管理学可以帮助我们根据自己的实际情况，规划合理的目标，提高学习和生活的计划性。其次，有了计划就要去做，管理学还可以帮助我们提高决策力、执行力和自律性。

东方：我觉得还有一点，就是学好管理学还能增强个人的领导力和团队合作能力，为成为一个管理者打好基础。拿我自己来说，最近学院要安排同学们到公司做调查，我是班长，管理学能帮助我把这个活动组织好。

李文：你的理解很不错啊，东方。

东方：今天跟你这么一交流，我真是对咱们专业更感兴趣了。快给我推荐几本书吧，我要好好学起来。

李文：你真爱学习！这就给你推荐我最近看的几本书。

二 生词 01-02

1.	了解	liǎojiě	*v.*	to understand
2.	毕业	bì//yè	*v.*	to graduate

3.	啦	la	*part.*	*combination of "了" and "啊" to express exclamation, interrogation, etc.*
4.	积累	jīlěi	*v.*	to accumulate
5.	技能	jìnéng	*n.*	skill
6.	综合性	zōnghéxìng	*adj.*	comprehensive
7.	交叉学科	jiāochā xuékē		interdiscipline
8.	统计学	tǒngjìxué	*n.*	statistics
9.	甚至	shènzhì	*conj.*	even
10.	各个	gègè	*pron.*	each
11.	包含	bāohán	*v.*	to contain
12.	身份	shēnfèn	*n.*	social role
13.	进修	jìnxiū	*v.*	to engage in advanced studies
14.	关于	guānyú	*prep.*	about
15.	益处	yìchù	*n.*	benefit
16.	根据	gēnjù	*prep.*	according to
17.	规划	guīhuà	*v.*	to plan
18.	决策	juécè	*v.*	to make a decision
19.	执行	zhíxíng	*v.*	to carry out; to execute
20.	自律	zìlǜ	*v.*	to exercise self-discipline
21.	增强	zēngqiáng	*v.*	to enhance
22.	团队	tuánduì	*n.*	team
23.	组织	zǔzhī	*v.*	to organize
24.	感兴趣	gǎn xìngqù		to be interested in
25.	推荐	tuījiàn	*v.*	to recommend

专业词语

1. 董事长	dǒngshìzhǎng	*n.*	chairman of the board of directors
2. 总裁	zǒngcái	*n.*	president (of a company, a political party, etc.)

三 注释

1. 现在，有不少具有管理者身份的人都来进修管理学专业呢，比如公司的董事长、总裁、经理啊，政府部门的市长、部长啊，甚至足球教练。

“甚至”，连词，放在并列的名词、形容词、动词、介词短语或小句的最后一项之前，突出其后的事例。例如：

（1）他什么都不会，甚至连最简单的表格都不会做。

（2）他最近真的很忙，甚至晚上都要住在办公室里。

2. 关于咱们专业，你懂得真多。

“关于”，介词，引出涉及的人或者事物。后面可以接名词性成分，在句中做定语，或者在句子开头单独使用。例如：

（1）我读了几本关于公司管理方面的书，收获很大。

（2）关于明天的招聘会，公司人事部已经做好了安排。

3. 首先，学好管理学可以帮助我们根据自己的实际情况，规划合理的目标，提高学习和生活的计划性。其次，有了计划就要去做，管理学还可以帮助我们提高决策力、执行力和自律性。

“首先……，其次……”，承接复句，表示顺序或者优先级。例如：

（1）我们公司的问题很多，首先是管理很乱，其次是员工工作不积极。

（2）评价一个员工，首先看他的职业能力，其次看他的职业道德。对吗？

4. 学好管理学还能增强个人的领导力和团队合作能力，为成为一个管理者打好基础。拿我自己来说，最近学院要安排同学们到公司做调查，我是班长，管理学能帮助我把这个活动组织好。

“拿……来说”，举例子，从而更好地说明前面提到的内容。例如：

（1）日常生活中计划无处不在，拿学生来说，在学习中为了取得好成绩，就必须制订一份学习计划。

（2）中国南北方存在一些差异，拿主食习惯来说，南方爱吃米饭、米粉，北方偏好面食。

四　练习

一、选择合适的词语填空

A. 身份　　B. 毕业　　C. 包含　　D. 规划　　E. 推荐

1. 你对这里比较熟，给我 ________ 几个好玩儿的地方吧。
2. 老师发给我的邮件里还 ________ 了下一步的学习任务。
3. 这是她从学校 ________ 以后，第一次回到母校。
4. 无论 ________ 如何，我相信每个人都有无限的潜力和能力。
5. 人生 ________ 需要长远的眼光和坚定的决心，无论前方困难有多大，我们都要坚持走下去。

二、用所给词语和结构完成对话

1. A：你最近没去健身房吗？
   B：________________________________。（甚至）
2. A：你下周休年假，打算干什么？
   B：________________________________。（关于）
3. A：你打算怎么完成这项任务？
   B：____________________________。（首先……，其次……）

4. A：中国有哪些有名的城市？

B：______________________________。（拿……来说）

三、根据课文内容回答问题

1. 管理学是怎样的一门学科？
2. 管理学要学习什么？
3. 哪些人是管理者？
4. 生活中需要管理学吗？为什么？
5. 东方希望李文做什么？

四、口头表达

1. 说说你认为管理学是什么。
2. 小组讨论后回答：管理学要学什么？生活中哪些方面含有管理学知识？

五 拓展阅读

管理者的角色

亨利·明茨伯格（Henry Mintzberg）在《管理工作的性质》中将管理者扮演的角色分为十种，这十种角色可被归入三大类：人际关系角色、信息传递角色和决策制定角色。

人际关系角色的管理者所扮演的三种人际角色分别是名义领导者、领导者和联络者。信息传递角色包括监督者、传播者和发言人，负责确保和其一起工作的人能够得到足够的信息。决策制定角色包括企业家、混乱驾驭者、资源分配者和谈判者，负责处理信息、得出结论、做出决策，并分配资源以保证决策方案的实施。

第二课 管理学理论的起源和发展

学习目标

1. 语言功能：能够通过顺承、转折、递进、让步、强调等方法进行理论发展脉络的梳理。
2. 语 言 点：短语"说不准"；副词"好在""统"；介词"于"。
3. 专业知识：了解管理学理论发展的基本脉络。

一 课文 02-01

（李文到自习室帮助东方准备下周上课发言的PPT）

东方：李文，一般认为泰勒是管理学之父，但怎么也有人说他只是科学管理学之父，把法约尔、韦伯分别称为一般管理学之父和组织管理学之父？

李文：这不矛盾。我觉得，泰勒最早使管理研究专门化，影响更大一些。法约尔把管理思想贯穿到企业经营的各个方面，韦伯强调组织必须以理性和法律为依据。

东方：对，课本上是这么说的。

李文：法约尔和韦伯对管理学进行了扩展和提升，和泰勒差不多，都强调法规化，推崇低成本、高效率，也是管理研究的先驱。

东方：这样讲，感觉清楚多了。管理理论发展得真不错啊！

李文：20世纪20到30年代，福利特发现了组织和个人的矛盾，强调“社会人”管理角度；梅奥用霍桑实验动摇了那时管理学推崇效率最大化的“经济人”假设。

东方：他们两个人也对，管理不能只要效率，还得考虑人的价值和意义。

李文：20世纪50到70年代，全球生产中心从美国转向欧洲和亚洲的一些国家和地区，但是发展和需求的矛盾还是越来越大了，很多企业都必须走向全球市场。

东方：一家公司同时去很多国家经营发展，很多事情都说不准，这不容易！好在有以前几十年理论的指导。

李文：新管理产生新理论。20世纪80年代以后，经济全球化推动跨国公司不断整合、重组、新建，形成了全球产业链。知识生产、人才流动、组织优化、文化冲突和法律风险等成为管理研究的重点。

东方：相对于以前的“社会人”“经济人”，这就更强调“知识人”“伦理人”了吧？

李文：对，创新创业、社会责任和环境保护等也都很重要。20世纪70年代以来，互联网科技快速进步，第三、第四次工业革命发展很快，经营方式更加多变，这也推动了管理研究的跨学科发展。

东方：这时候的管理研究不同于以前，战略管理、决策管理、权变管理、系统管理等，什么都有！我们怎么进行全面理解呢？

李文：20世纪40到80年代，世界上出现了很多管理学流派，孔茨把其中的11个统称为“管理理论丛林”。他认为，自己所代表的过程学派强调管理的计划、组织和领导等问题，更好地体现了这些理论的时代特点。

东方：经济全球化产生了这么多管理方法，怎么看管理理论现在的情况呢？

李文：全球化发展，新理论很多！“新管理理论丛林”概括了20世纪90年代以来几个比较有名的学派，它们都强调伦理、文化、组织学习和人的全面发展等。我觉得，世界各地管理思想的融合发展，是以后管理研究的重要方向。

东方：这种理解真好！我先整理PPT，麻烦你有空儿时再帮我修改一下儿。

二　生词 02-02

1. 起源	qǐyuán	*n.*	origin
2. 之父	zhī fù		founding father of
3. 组织	zǔzhī	*n.*	organization
4. 矛盾	máodùn	*v.*	to contradict
5. 研究	yánjiū	*v.*	to study; to research
6. 专门化	zhuānménhuà	*v.*	to specialize
7. 贯穿	guànchuān	*v.*	to run through
8. 企业	qǐyè	*n.*	enterprise
9. 以	yǐ	*prep.*	based on
10. 理性	lǐxìng	*n.*	rationality
11. 法律	fǎlǜ	*n.*	law

12.	依据	yījù	*n.*	basis; foundation
13.	扩展	kuòzhǎn	*v.*	to expand
14.	提升	tíshēng	*v.*	to enhance
15.	法规化	fǎguīhuà	*v.*	to regulate
16.	推崇	tuīchóng	*v.*	to praise highly
17.	成本	chéngběn	*n.*	cost
18.	效率	xiàolǜ	*n.*	efficiency
19.	先驱	xiānqū	*n.*	forerunner
20.	动摇	dòngyáo	*v.*	to undermine
21.	假设	jiǎshè	*n.*	hypothesis
22.	考虑	kǎolǜ	*v.*	to consider
23.	转向	zhuǎnxiàng	*v.*	to turn to
24.	说不准	shuōbuzhǔn		not sure
25.	好在	hǎozài	*adv.*	fortunately
26.	跨国	kuàguó	*v.*	to be international
27.	整合	zhěnghé	*v.*	to integrate
28.	重组	chóngzǔ	*v.*	to restructure
29.	链	liàn	*n.*	chain
30.	优化	yōuhuà	*v.*	to optimize
31.	冲突	chōngtū	*v.*	to collide
32.	相对	xiāngduì	*v.*	to be in contrast to
33.	于	yú	*prep.*	*used as a suffix after a verb*
34.	伦理	lúnlǐ	*n.*	ethics

35. 工业革命	gōngyè gémìng		industrial revolution
36. 跨学科	kuà xuékē		interdisciplinary
37. 流派	liúpài	*n.*	school; genre
38. 统	tǒng	*adv.*	generally
39. 概括	gàikuò	*v.*	to summarize
40. 融合	rónghé	*v.*	to integrate

专业词语

1. 霍桑实验	Huòsāng Shíyàn	Hawthorne experiment
2. “经济人”假设	“jīngjìrén” jiǎshè	“economic man” hypothesis
3. 全球产业链	quánqiú chǎnyèliàn	global industrial chain
4. 战略管理	zhànlüè guǎnlǐ	strategic management
5. 决策管理	juécè guǎnlǐ	decision management
6. 权变管理	quánbiàn guǎnlǐ	contingency management
7. 系统管理	xìtǒng guǎnlǐ	system management
8. “管理理论丛林”	“Guǎnlǐ Lǐlùn Cónglín”	“management theory jungle”
9. 过程学派	Guòchéng Xuépài	(management) process school

三 注释

1. 一家公司同时去很多国家经营发展，很多事情都说不准，这不容易！

“说不准”，这是一个动词加补语的否定形式，用来指人们对事情或者情况很难给出准确的答案或者判断。例如：

（1）这个问题应该怎么回答，大家都说不准。

（2）事情会怎么发展，我真说不准。

2. 一家公司同时去很多国家经营发展，很多事情都说不准，这不容易！好在有以前几十年理论的指导。

“好在”，语气副词，用于值得庆幸的情况，强调所具有的某种有利的条件或情况。例如：

（1）今天上班遇到了大堵车，好在没有迟到。

（2）好在我们及时发现了问题，避免了更大的损失。

3. 相对于以前的“社会人”“经济人”，这就更强调“知识人”“伦理人”了吧？

“于”，介词，表示比较或引出时间、处所等。

（1）公司今年的经营成本高于去年。

（2）他出生于1999年3月20日。

4. 20世纪40到80年代，世界上出现了很多管理学流派，孔茨把其中的11个统称为“管理理论丛林”。

“统”，范围副词，表示全部、一起、概括或总结等意思。

（1）我们班这次的数学统考成绩非常好，大部分同学都在85分以上。

（2）王经理统管公司的经营工作。

四 练习

一、选择合适的词语填空

A. 矛盾　B. 推崇　C. 概括　D. 跨学科　E. 贯穿

1. 这篇文章的论证部分有不少相互 __________ 的地方，需要再修改。
2. 在企业的经营过程中，诚信是我们 __________ 始终的原则。

3. 很多大学老师都觉得 __________ 研究对社会发展很重要。

4. 今天公司开会内容很多，__________ 起来就是强调过程管理的重要性。

5. 改革开放以来，中国形成了 __________ 科学、鼓励创新的社会风气。

二、用所给词语完成对话

1. A：他最近会不会回国呢？

   B：我对他的情况不太了解，__________________________________。（说不准）

2. A：你昨天的求职面试怎么样？

   B：还行。虽然面试官提的问题很难，____________________________。（好在）

3. A：你们那里今天的天气怎么样？

   B：我们这里比较暖和，也不刮风，温度________________________昨天。（于）

4. A：什么是“电子产品”？

   B：我说不清楚，不过一般把手机、电脑、电视等______________“电子产品”。（统）

三、根据课文内容回答问题

1. 法约尔的管理理论有什么特征？

2. 20 世纪 80 年代，管理理论的研究有什么新变化？

3. 怎样理解孔茨的过程学派？

四、口头表达

小组讨论后回答：西方管理理论的发展趋势是怎样的？

五 拓展阅读

成为有鉴别能力的理论消费者

当研究人员开始研究一个问题的时候，仅仅陈述现象是不够的，还需要进行分类和解释，说明原因。需要小心对待那些对一切都进行革命性变革的著作。如果作者暗示他的著作对处在任何情况下的公司都适用，那么千万不要相信他们！事物的存在通常都有其理由，我们不仅需要知道何处、何时，以及为何进行变革，还要知道什么应当保持不变。

一个真正的理论应当包括对某种东西如何起作用的描述。在理论市场上，让读者自己小心选择适合他们的理论，其实是在逃避研究责任。大多数经理人不会去尝试一种新观念来判断其是否适用，因为这么做的风险实在是太大了。

（改编自克莱顿·克里斯坦森《经理人，你为什么要重视管理理论》）

第三课 文化对管理研究有多重要？

学习目标

1. 语言功能：能够用举例和对比的方式阐明思想观点，加强理论论证。
2. 语 言 点：并列复句“也……，也……”；副词“难怪”“尤其”；比较句（“跟……相比”）。
3. 专业知识：了解中国式管理研究和管理文化的基本特点。

一 课文 03-01

（东方和李文饭后在学校食堂外面的小广场聊天儿）

东方：我觉得中国式的管理学流派不太多，课本上讲到的有20世纪80年代席酉民的“和谐管理理论”、90年代成中英的“C理论”和苏东水的“东方管理理论”。

李文：你说得也对，也不对。

东方：这是什么意思？

李文：说对，是因为中国的工业发展比较晚，出现更完整的现代管理学理论还需要一些时间。

东方：怎么不对呢？

李文：说不对，是因为中国很大，不同的地方文化产生了不同的管理风格。所以，很多中国企业已经根据历史传统和社会发展，形成了自己的经验或管理模式。

东方：比如说？

李文：很多企业的管理经验都具有了一定的理论形态，比如：20世纪60年代鞍山钢铁公司的“鞍钢宪法”、90年代华为公司的《华为基本法》等等。不过，更多企业的管理经验还在理论化的过程中。

东方：这是一种中国式的“新管理理论丛林”？

李文：是“生态林”吧！中国式管理，讲究“天地人合一”。

东方：对了，这个问题很重要，你以前说过几次。难怪上次去书店你要买中国哲学、历史和中医方面的书！原来这里面包含着宇宙人生的规律，很多都能体现中国式管理思想。

李文：所以在中文里，“管理”往往意味着根据文化精神建立社会秩序，创造经济价值。

东方：那么，学习中国式管理的关键是什么？

李文：活用中国文化的原则！很多人用《周易》《黄帝内经》《金刚经》等古代名著指导管理实践和研究。

东方：学习一些优秀的中国传统文化，再观察研究现代中国的情况，就容易理解中国式管理吧？

李文：对。当然还需要学习现代管理理论，也就是泰勒、梅奥、孔茨等人提出的那些发现和解决现代管理问题的方法。

东方：的确是这样，中国也是世界的一部分。

李文：跟很多国家相比，这几十年来，中国式管理研究更重视“做中学，学中做”。管理人员常常会用中国传统文化的道理补充现代管理理论，优化组织的学习能力和实践能力。很多现代管理研究也重视中国文化，20世纪90年代开始出现的一些新管理理论尤其这样。

东方：谢谢你！很多地方我还不太明白，看来我还得多多学习。

二 生词 03–02

1. 和谐	héxié	*adj.*	harmonious
2. 地方	dìfāng	*n.*	region; place
3. 风格	fēnggé	*n.*	style
4. 历史	lìshǐ	*n.*	history
5. 传统	chuántǒng	*n./adj.*	tradition; traditional
6. 模式	móshì	*n.*	mode
7. 形态	xíngtài	*n.*	form
8. 生态	shēngtài	*n.*	ecology
9. 讲究	jiǎngjiu	*v.*	to be particular about
10. 天地人合一	tiān-dì-rén hé yī		unity of heaven, earth and humanity
11. 难怪	nánguài	*adv.*	no wonder
12. 哲学	zhéxué	*n.*	philosophy
13. 宇宙	yǔzhòu	*n.*	universe
14. 规律	guīlǜ	*n.*	law; rule
15. 意味着	yìwèizhe	*v.*	to mean; to imply
16. 秩序	zhìxù	*n.*	order
17. 关键	guānjiàn	*n.*	key; crux
18. 活用	huóyòng	*v.*	to use flexibly

19. 原则	yuánzé	*n.*	principle
20. 《周易》	《Zhōuyì》		*Zhouyi*
21. 《黄帝内经》	《Huángdì Nèijīng》		*Yellow Emperor's Inner Canon*
22. 《金刚经》	《Jīngāng Jīng》		*Diamond Sutra*
23. 名著	míngzhù	*n.*	famous work; classic
24. 实践	shíjiàn	*v.*	to practice
25. 优秀	yōuxiù	*adj.*	excellent
26. 的确	díquè	*adv.*	indeed
27. 尤其	yóuqí	*adv.*	especially

专业词语

1. 和谐管理理论	Héxié Guǎnlǐ lǐlùn	Harmonious Management Theory
2. 成中英 C 理论	Chéng Zhōngyīng C Lǐlùn	C Theory (by Chung-Ying Cheng)
3. 东方管理理论	Dōngfāng Guǎnlǐ Lǐlùn	Oriental Management Theory
4. "鞍钢宪法"	"Āngāng Xiànfǎ"	"Anshan Iron and Steel Constitution"
5. 《华为基本法》	《Huáwéi Jīběnfǎ》	*Huawei Basic Law*

三 注释

1. 你说得也对，也不对。

"也……，也……"，并列复句，表示两种动作、状态同时存在。例如：

（1）经理这种做事的风格，对公司的发展也有好处，也有坏处。

（2）企业的国际化发展，也是机遇，也是挑战。

2. 难怪上次去书店你要买中国哲学、历史和中医方面的书！原来这里面包含着宇宙人生的规律，很多都能体现中国式管理思想。

“难怪”，语气副词，表示发现事情的原因以后，对此前出现的某种情况或状态表示理解和接受。例如：

（1）难怪公司最近的产品出现了质量问题，(原来) 管理层出现了很大的变动。

（2）难怪这两个公司之间的交流不太好，原来是有一些误会没有消除。

3. 跟很多国家相比，这几十年来，中国式管理研究更重视“做中学，学中做”。

“跟……相比”，引出比较的对象，提示某种范围或者角度，以做对照或比较。例如：

（1）跟一般公司相比，这家公司的发展太快了！

（2）跟平时相比，这个地方在过节的时候特别热闹。

4. 很多现代管理研究也重视中国文化，20 世纪 90 年代开始出现的一些新管理理论尤其这样。

“尤其”，程度副词，表示在全体中或与其他事物比较时特别突出，一般用在句子的后一部分。例如：

（1）这个问题需要公司的管理人员，尤其是高级管理人员重视。

（2）他工作能力不错，尤其是在组织协调和团队建设方面很突出。

四　练习

一、选择合适的词语填空

A. 规律　　B. 意味着　　C. 关键　　D. 讲究　　E. 活用

1. 要想打好太极拳，常练基本功是 __________ 。
2. 经过几年的工作，他学会了 __________ 各种管理方法。
3. 吃中国菜 __________ 色、香、味和用餐氛围。
4. 市场运行有其自身的 __________。

5. 爸爸找到了好工作，__________ 全家的生活水平会提高。

二、用所给词语和结构完成对话

1. A：大学生毕业以后去开公司创业，好不好？

   B：______________________________。（也……，也……）

2. A：我上两周一直在全国各地出差，快忙死了。

   B：______________________________。（难怪）

3. A：你喜欢中国武术吗？

   B：______________________________。（跟……相比）

4. A：你喜欢哪些中国的管理学大师？

   B：______________________________。（尤其）

三、根据课文内容回答问题

1. 中国式管理学流派有哪些？
2. 现代中国企业有哪些成功的管理模式？
3. 学习中国式管理可以阅读哪些经典名著？

四、口头表达

1. 说说你对中国式管理的认识。
2. 小组讨论后回答：中医学中可能包含哪些管理学思想？

五 拓展阅读

整体论——中国管理智慧

中国人擅长整体性地看世界，整体论是中国对世界做出的潜在重大贡献，但急需方法论上的突破。牛津大学生物学家诺贝尔（Denis Nobel）非常欣赏中国整体论哲学思想。他认为现在几乎任何疾病都可以在基因层面找到原因，但基因治疗难以达到其声称的效果。原因是寻找因果关系的解析过程丢失了很多信息。诺贝尔认为，中国整体论思维能够充分考虑这些丢失的信息，但缺乏对它们的具体解析。以中医为例，大夫望、闻、问、切，利用整体思维，每天都会根据病人状态调整药方，但对中间的动态机制则很少进行解析性研究。

在管理实践中，中国人以深入骨髓的整体论思想面对复杂甚至未知的世界，常常灵活变通地应对不确定性和复杂性，而正是这种有想象力的随机应变会创造意想不到的价值。如果把整体论、能动应变原则与西方的解析规范相结合，形成相应的方法论，一定会为世界管理做出更大的贡献。

（改编自席酉民《管理的中国智慧》）

第四课 企业还需承担社会责任

学习目标

1. 语言功能：掌握表达个人观点的方式。
2. 语 言 点：固定结构“在……看来”“为了……而……”；介词“凭”；代词“彼此”。
3. 专业知识：把握企业社会责任的定义和内涵。

一 课文 04-01

（李文和东方正在讨论管理学老师讲的“企业的社会责任”话题）

李文：今天咱们管理学老师讲的那个“企业的社会责任”话题，你是怎么考虑的？

东方：我也正想跟你讨论呢。我初步考虑了一下儿，在我看来，企业除了要追求经济利益，还应该自觉承担服务社会的责任。

李文：服务社会的责任，是说企业有权利，也有责任为社会的一般发展做出自己的贡献，比如积极向贫困地区提供产品和服务。我们常能看到相关的新闻，一些有名的企业常有药物、教育和信息技术等方面的捐赠。

东方：我是想说这个意思。这些社会贡献也往往是一个企业树立形象、追求成功的方法。但感觉这个方面还不能完全解释“企业的社会责任”，它的含义应该更加丰富吧？

李文：我预习了课本，书上说，企业社会责任是指企业为了改善利益相关者的生活质量并有利于可持续发展而做出的一种承诺。

东方：好复杂啊，“利益相关者”都有哪些呢？

李文：比如股东、员工、消费者、竞争者等等。企业不仅要为股东服务，而且还要为那些利益相关者服务，因为任何一个企业的发展都离不开利益相关者的参与。

东方：你这么一解释，我清楚多了。股东是企业的投资者，企业需要考虑他们的利益，利用良好的管理方式，最大程度地实现企业资产的保值增值。员工是企业中最重要的资源，企业的成功离不开具有创造力和热情的员工的积极合作。对消费者，企业就更有责任了，只有凭优秀的产品和服务，企业才能得到顾客和社会的认可。对竞争者，企业还需要承担社会责任吗？

李文：当然啊，市场经济条件下，企业不仅要讲究“竞争”，更要有“合作”意识。彼此尊重、资源互补、合作发展是现代企业的生存之道。

东方：其实，我还想到一点，就是企业还要对环境承担社会责任。

李文：这个好理解，企业发展不能破坏环境，要自觉维护环境质量，使用清洁能源，共同面对气候变化和保护生物多样性问题。

东方：你解释得真好！李文，咱们今天讨论得太棒了。对待不同的利益相关者，企业应当积极地承担社会责任，创造一种和谐的发展环境。

二 生词 04-02

1.	承担	chéngdān	*v.*	to shoulder; to undertake
2.	追求	zhuīqiú	*v.*	to pursue
3.	利益	lìyì	*n.*	interest
4.	权利	quánlì	*n.*	right
5.	贡献	gòngxiàn	*n.*	contribution
6.	贫困	pínkùn	*adj.*	poor
7.	提供	tígōng	*v.*	to provide
8.	产品	chǎnpǐn	*n.*	product
9.	药物	yàowù	*n.*	medicine; drug
10.	捐赠	juānzèng	*v.*	to donate
11.	树立	shùlì	*v.*	to establish
12.	解释	jiěshì	*v.*	to explain
13.	含义	hányì	*n.*	meaning
14.	改善	gǎishàn	*v.*	to improve
15.	质量	zhìliàng	*n.*	quality
16.	有利于	yǒulì yú		conducive to
17.	而	ér	*conj.*	*used to connect cause and effect*
18.	承诺	chéngnuò	*v.*	to promise
19.	竞争	jìngzhēng	*v.*	to compete
20.	离不开	lí bu kāi		can't do without

21. 参与	cānyù	*v.*	to participate in
22. 投资	tóuzī	*v.*	to invest
23. 良好	liánghǎo	*adj.*	good
24. 资源	zīyuán	*n.*	resource
25. 凭	píng	*prep.*	through; by virtue of
26. 意识	yìshí	*n.*	consciousness
27. 彼此	bǐcǐ	*pron.*	each other
28. 尊重	zūnzhòng	*v.*	to respect
29. 互补	hùbǔ	*v.*	to be complementary
30. 清洁	qīngjié	*adj.*	clean
31. 能源	néngyuán	*n.*	energy
32. 生物	shēngwù	*n.*	biology
33. 多样	duōyàng	*adj.*	diverse
34. 棒	bàng	*adj.*	excellent

专业词语

1. 可持续发展	kěchíxù fāzhǎn		sustainable development
2. 股东	gǔdōng	*n.*	shareholder
3. 消费者	xiāofèizhě	*n.*	consumer
4. 资产	zīchǎn	*n.*	asset
5. 保值	bǎozhí	*v.*	to have the value (of sth.) insured/ guaranteed against loss
6. 增值	zēngzhí	*v.*	to add to the value of (sth.)
7. 市场经济	shìchǎng jīngjì		market economy

三 注释

1. 在我看来，企业除了要追求经济利益，还应该自觉承担服务社会的责任。

“在……看来”，表示某（些）人对某件事或者某个观点的看法。例如：

（1）在一些人看来，学习就是为了将来有一份好的工作。你同意这个观点吗？

（2）在中国人看来，春节就意味着团圆、和谐、好运将至。

2. 书上说，企业社会责任是指企业为了改善利益相关者的生活质量并有利于可持续发展而做出的一种承诺。

“为了……而……”，为达到某种目标采取行动。例如：

（1）我为了实现自己的梦想而努力奋斗。

（2）为了环保而减少使用一次性塑料制品是正确的。

3. 只有凭优秀的产品和服务，企业才能得到顾客和社会的认可。

“凭”，介词，凭借。例如：

（1）凭我多年的经验，买这里的房子一定没有错。

（2）大家可以凭自己的实力去争取这个项目。

4. 彼此尊重、资源互补、合作发展是现代企业的生存之道。

“彼此”，人称代词，指你我双方、那个和这个。例如：

（1）他们都认出了对方，彼此笑着打了个招呼。

（2）语言不同的人看不懂彼此的文字，哪怕是象形成分最多的文字。

四 练习

一、选择合适的词语填空

A. 竞争　　B. 尊重　　C. 彼此　　D. 贡献　　E. 意识

1. 为了纪念毕业五周年，我们班的同学在校园里欢聚一堂，畅谈对 ________ 的思念和这些年的变化。
2. 他的发明创造，为我国的科学事业做出了巨大的 ________ 。
3. 现代社会是一个充满 ________ 的社会，但同时也是一个更加需要合作的社会。
4. 竞争 ________ 能使人精神振奋，努力进取，促进事业的发展。
5. 这种事情我们要 ________ 她自己的意愿。

二、用所给词语和结构完成句子或对话

1. A：能谈谈你们是怎样取得这场比赛的胜利的吗？
   B：________________________________。（在……看来）
2. 父母对儿女的爱永远是无私的，他们可以________________________。
   （为了……而……）
3. A：你认为王经理今天会来参加这个会议吗？
   B：________________________________。（凭）
4. A：毕业之后，你跟之前的同学还有联系吗？
   B：________________________________。（彼此）

三、根据课文内容回答问题

1. 在文中找到“企业社会责任”的定义。
2. 企业的利益相关者都包括哪些？
3. 企业要为利益相关者承担哪些社会责任？

4. 你如何理解企业要有合作意识？

5. 企业需要对环境承担社会责任吗？

四、口头表达

1. 举例说明企业承担的社会责任包含哪些方面的内容。

2. 小组讨论后回答：企业为什么要承担社会责任？企业承担社会责任对企业的发展有什么好处？

五 拓展阅读

什么是企业社会责任？

最早提出企业社会责任概念的是英国学者奥列佛·谢尔顿（Oliver Sheldon）。当时由于自由资本主义条件下自由放任经济学思潮的影响，国家守夜人角色的不作为和鼓吹企业自由市场自由导致了资本家们的盲目追逐私利，从而引起了企业的一系列社会问题，企业对社会的负面影响也日益严重。

学者卡罗尔（Archie B. Carrol）也是这种观点的主要代表人物之一。卡罗尔把企业责任划分为四种：一是企业的经济责任，这是企业传统的与固有的责任，是指企业所负有的谋求股东利益最大化的责任，是企业的法律责任；二是指为法律所明确规定的企业义务，即法律责任；三是企业的道德责任；四是企业的社会责任。管理学界最有影响的学者之一彼得·德鲁克（Peter F. Drucker）也认为：任何一个组织都不只是为了自身，而是为了社会存在，企业也不例外。

（改编自徐向艺主编《管理学》，经济科学出版社，2018 年）

第五课 怎样改进决策效果？

学习目标

1. 语言功能：掌握认同别人观点的表述方式。
2. 语 言 点：固定结构“× 是 ×，就是……”；短语“从没”；形容词“所谓”；动词“难以”。
3. 专业知识：认识决策的重要性和复杂性，并能阐述提升决策能力、改进决策效果的技巧。

一 课文 05-01

（东方和李文正在讨论今天听的管理学报告）

东方：今天有报告，是关于企业管理者科学决策能力提升方面的，你怎么没去呢？

李文：我去是去了，就是去晚了，所以只好坐在报告厅后排了。报告内容特别精彩，让我收获很多。

东方：我有同感。报告让我深深感受到，对一个企业来说，决策的正确性和科学性是多么重要，决策决定着管理活动的成败，影响到组织的长远发展。

李文：说得对，任何有成就的企业都离不开一个充满智慧的管理团队。

东方：是啊，特别是面对那些之前从没遇到过的，而且信息又不太清楚的问题时，比如昂贵的新技术是不是需要采用、某个国际市场要不要去开拓，这些都特别考验管理团队的决策能力。

李文：决策者在实践中不断提高解决重大问题的能力是关键。今天报告里提到的几项改进决策效果的技巧，我最认同“增加个人知识储备”这一项。所谓“知识就是力量”，没有相关的知识储备和经验积累，就难以做出有效的决策。另外，那个“5W2H”方法让我印象深刻。“5W”是对所有的现象都去问“What”(做什么)、“When”(什么时候)、“Where”(什么地方)、“Why”(为什么)、“Who”(是谁)；“2H”是指“How”(怎么做)、“How much”(多少钱)。

东方：你记得很清楚啊！它告诉我们要勤于提问和思考。还有一点我特别同意，就是“发挥群体决策优势”。

李文：正所谓“众人拾柴火焰高”，企业要开发管理团队的智慧，激发员工的潜能，甚至要和其他组织进行合作。

东方：今天的报告虽然专业词语有点儿多，但是这些改进决策效果的技巧对咱们日常的学习和工作都特别有用。

李文：没错，这就是管理学专业的魅力吧。学了管理学理论，咱们不一定去管理公司，但这些原理可以增加我们生活的智慧。

二 生词 05-02

1.	厅	tīng	*n.*	hall

2.	收获	shōuhuò	*n.*	harvest; gains
3.	同感	tónggǎn	*n.*	the same feeling
4.	深深	shēnshēn		deeply
5.	成败	chéngbài	*n.*	success or failure
6.	长远	chángyuǎn	*adj.*	long-term
7.	智慧	zhìhuì	*n.*	wisdom
8.	之前	zhīqián	*n.*	before
9.	从没	cóng méi		never
10.	遇到	yùdào		to encounter
11.	昂贵	ángguì	*adj.*	expensive
12.	开拓	kāituò	*v.*	to open up
13.	项	xiàng	*m.*	*a measure word for items*
14.	技巧	jìqiǎo	*n.*	skill
15.	认同	rèntóng	*v.*	to approve
16.	储备	chǔbèi	*n.*	reserve
17.	所谓	suǒwèi	*adj.*	so-called
18.	难以	nányǐ	*v.*	to be difficult to
19.	勤于	qín yú		to be diligent in/at
20.	思考	sīkǎo	*v.*	to think deeply
21.	发挥	fāhuī	*v.*	to bring into play
22.	群体	qúntǐ	*n.*	group
23.	众人拾柴火焰高	zhòngrén shí chái huǒyàn gāo		The fire burns high when everybody brings firewood to it.

24.	激发	jīfā	*v.*	to stimulate
25.	潜能	qiánnéng	*n.*	potential
26.	没错	méi cuò		correct
27.	魅力	mèilì	*n.*	charm
28.	原理	yuánlǐ	*n.*	principle

三 注释

1. 我去是去了，就是去晚了，所以只好坐在报告厅后排了。

“× 是 ×，就是……”，表示让步，有“虽然”的意思。例如：

（1）这个主意好是好，就是不知道老师会不会同意我们这样做。

（2）报名是报名了，就是我没有把握通过这个考试。

2. 特别是面对那些之前从没遇到过的，而且信息又不太清楚的问题时……特别考验管理团队的决策能力。

“从没”，从来没有。例如：

（1）他们从没主动给我打过电话，都是我给他们打电话。

（2）从没离开过父母的我，体验到了孤独与寂寞。

3. 所谓“知识就是力量”，没有相关的知识储备和经验积累，就难以做出有效的决策。

“所谓”，形容词，所说的，用于复说、引证等。例如：

（1）所谓名人，是指在某一方面有所追求、有所建树、有所贡献，能够得到大家公认，并能激励和鼓舞世人的人。

（2）所谓创造性，是指在运用之中有独到之处。

4. 所谓“知识就是力量”，没有相关的知识储备和经验积累，就难以做出有效的决策。

“难以”，动词，不容易、不易于。例如：

（1）不解决环境问题，保护野生动物的愿望就难以实现。

（2）现在我的高兴之情难以用语言来形容。

四　练习

一、选择合适的词语填空

A. 深深　　B. 智慧　　C. 勤于　　D. 收获　　E. 群体

1. 大家的 __________ 一定比一个人的多！
2. 科学家们正是因为 __________ 思考，忘我地探索，才常常在细微之处有重大的发现。
3. 这个 __________ 由来自不同背景的成员组成，他们共同努力，为实现共同的目标而奋斗。
4. 他被这本书中的故事 __________ 吸引了。
5. 在长期的工作中，他 __________ 了丰富的经验。

二、用所给词语和结构完成对话

1. A：你跟妈妈商量出国留学的事情了吗？

   B：______________________________。（× 是 ×，就是……）
2. A：咱们班主任王老师是个特别温和又很有耐心的老师。

   B：______________________________。（从没）
3. A：你能解释一下儿“低头族”是什么意思吗？

   B：______________________________。（所谓）
4. A：他一再道歉，你为什么还不能原谅他呢？

   B：______________________________。（难以）

三、根据课文内容回答问题

1. 决策对企业的作用体现在哪里？
2. 用“知识就是力量”想说明什么？
3.“5W2H”方法的具体内容是什么？
4. 用“众人拾柴火焰高”想说明什么？

四、口头表达

1. 举例说明可以从哪些方面来改进企业决策效果。

2. 小组讨论后回答：我们能否将改进企业决策效果的知识运用于生活、工作和学习中？可以怎样应用？

五 拓展阅读

提升心理素质要避免三种倾向

在面对决策问题，尤其是复杂的决策问题时，管理者的心理素质非常关键。因此，管理者要不断提升自身的心理素质，尽量避免以下三种倾向。

第一种倾向是优柔寡断。有些管理者在做决策时，考虑最多的是如何避免风险、明哲保身，如何尽可能降低个人承担的风险，而不是考虑如何解决问题。因此，做决策时总是犹犹豫豫，唯恐出错。

第二种倾向是急于求成。有些管理者在做决策时，不考虑问题的根源，仓促应对。他们常常采用应急管理和直觉管理的方法，在考虑不周的情况下就贸然采取行动，结果是“欲速则不达”。

第三种倾向是追求完美。有些管理者在做决策时，总希望找个完美的解决方案，结果导致问题迟迟不能得到解决。在有限理性的情况下，只要决策方案可行、能解决问题、易于管理，并满足目标要求就可以了。

（改编自徐向艺主编《管理学》，经济科学出版社，2018 年）

第六课 怎样才算进行了目标管理？

学习目标

1. 语言功能：能够描述目标管理的主要步骤；能够谈论自己的目标。
2. 语 言 点：副词“刚好”“怪不得”；固定结构“从……来看”“够……的”；篇章衔接成分“除此之外”。
3. 专业知识：掌握企业目标管理的简要内容。

一 课文 06-01

（李总的办公室）

李总：东方，你来公司实习有半年了吧？

东方：是的，经理，到下周刚好半年。这期间，我学到很多。

李总：那让我来考考你，你认为一个部门负责人最重要的是做好哪方面的工作？

东方：从部门负责人这个角度来看，最重要的当然是做好目标管理工作。

李总：能具体说一下儿吗？

东方：就拿我们部门刚接到的这个项目来说吧，负责人首先需要结合项目的总目标，组织部门成员共同讨论、制订行动方案，之后每一个工作人员才能围绕自己的小目标开展工作。

李总：好的，此时负责人作为管理者的任务就结束了吗？

东方：并没有，除此之外，在目标的实施过程中，负责人还应当及时了解成员们的工作进度，以及存在的困难等信息，帮助大家解决问题、协调关系，确保整个团队的目标顺利完成。

李总：嗯，小伙子不错，这问题回答得够全面的，怪不得你的主管对你评价那么高。

东方：谢谢经理，我感觉咱们公司在管理上特别科学、规范，很重视上下级的沟通，还会对个人的目标完成情况进行评价和奖励，这种管理制度可以促使我们年轻人认真总结，不断进步。

李总：是啊，只有做好目标管理工作，才能促使整个企业充满活力。小伙子，加油干！

东方：谢谢您的肯定和鼓励！作为实习生，我一定通过这次机会好好学习，争取毕业后能够进入咱们这样的企业工作。

李总：好，只有明确了目标，才会有动力。中国有句古话："凡事预则立，不预则废。"按照你的计划，向着目标，继续努力吧！

二 生词 06-02

1.	刚好	gānghǎo	*adv.*	just; exactly
2.	期间	qījiān	*n.*	period
3.	项目	xiàngmù	*n.*	project
4.	制订	zhìdìng	*v.*	to formulate; to make
5.	方案	fāng'àn	*n.*	plan; scheme

6. 之后	zhīhòu	*n.*	(*usually time*) after a certain point
7. 围绕	wéirào	*v.*	to center around
8. 此时	cǐshí	*n.*	this moment; right now
9. 除此之外	chúcǐzhīwài		besides; in addition
10. 实施	shíshī	*v.*	to implement
11. 进度	jìndù	*n.*	schedule; progress
12. 以及	yǐjí	*conj.*	as well as; and
13. 协调	xiétiáo	*v.*	to coordinate
14. 小伙子	xiǎohuǒzi	*n.*	young fellow
15. 够……的	gòu…de		really; so
16. 怪不得	guàibude	*adv.*	no wonder
17. 沟通	gōutōng	*v.*	to communicate
18. 奖励	jiǎnglì	*v.*	to reward
19. 促使	cùshǐ	*v.*	to enable
20. 活力	huólì	*n.*	vitality
21. 肯定	kěndìng	*v.*	to recognize
22. 鼓励	gǔlì	*v.*	to encourage
23. 凡事预则立，不预则废	fán shì yù zé lì, bú yù zé fèi		Preparation leads to success; unpreparedness spells failure.
24. 向着	xiàngzhe	*v.*	to turn toward

专业词语

1. 目标管理	mùbiāo guǎnlǐ	Management by Objectives (MBO)

2. 负责人	fùzérén	*n.*	person in charge
3. 主管	zhǔguǎn	*n.*	supervisor
4. 实习生	shíxíshēng	*n.*	intern

三 注释

1. 到下周刚好半年。

“刚好”，语气副词，表示正好、恰巧。例如：

（1）我出门的时候，雨刚好停了。

（2）你也在这儿啊！我刚好要找你。

2. 从部门负责人这个角度来看，最重要的当然是做好目标管理工作。

“从……来看”，引出观察事物、思考问题的角度、方法等，后面接得出的结论或观点。例如：

（1）从长远来看，许多公司不仅能收回投资成本，而且能盈利。

（2）从现在的情况来看，这种管理机制是适应企业发展需要的。

3. 除此之外，在目标的实施过程中，负责人还应当及时了解成员们的工作进度，以及存在的困难等信息。

“除此之外”，意思是“此外”，可充当并列或附加连接成分，连接的是除了上文所述情况之外的情况。例如：

（1）我今年的目标是通过 HSK 六级，除此之外，再去西安转一转。

（2）计划的制订要具有科学性，除此之外，还得讲究灵活性。

（3）为了减肥，她每天只吃青菜，除此之外，什么也不吃。

4. 这问题回答得够全面的。

"够……的"，表示程度高。例如：

（1）这家公司的管理够乱的。

（2）今年夏天天气够热的。

5. 怪不得你的主管对你评价那么高。

"怪不得"，语气副词，即"难怪"的意思，表示明白了原因，对发生的某种事情就不觉得奇怪。例如：

（1）你昨晚又熬夜啦，怪不得今天一早就打瞌睡。

（2）怪不得大家这么有干劲儿，原来经理刚给涨了工资。

四　练习

一、选择合适的词语填空

A. 沟通　　B. 协调　　C. 鼓励　　D. 奖励　　E. 肯定

1. 经理 __________ 了你的实习表现。
2. 双方公司经过反复 __________，基本对合同内容达成了一致。
3. 在同学们的 __________ 下，小张终于跑完了全程。
4. 一个团队的领导者，必须具备上下级关系的 __________ 能力。
5. 一定数量的物质 __________ 可以提高大家的工作积极性。

二、用所给词语和结构完成对话

1. A：那个活动正在到处邀请管理学专业的留学生参与呢！

   B：______________________________。（刚好）

2. A：你怎么看目前的世界经济形势？

   B：______________________________。（从……来看）

3. A：快到年底了，今年的计划你都完成了吗？

B：____。（除此之外）

4. A：唉，怎么又是九十九分，总感觉有点儿可惜。

B：____。（够……的）

5. A：听说公司要在实习生中挑选一部分转为正式员工。

B：____。（怪不得）

三、根据课文内容回答问题

1. 东方来公司实习多长时间了？
2. 作为负责人，应该怎样做好目标管理工作？
3. 东方认为怎样的管理制度可以促使员工反思总结，并持续进步？
4. 在工作方面，东方有什么目标？
5. 你感觉经理对东方的实习表现满意吗？

四、口头表达

1. 结合课文，谈谈你认为怎样才算进行了目标管理。

2. 小组讨论后回答：解释“凡事预则立，不预则废”的意思。举一个现实生活中的例子，以说明确立目标、制订计划的重要性。

五 拓展阅读

OKR目标管理法

OKR（Objectives and Key Results）目标管理法，即目标与关键成果法，是一套目标管理工具和方法。OKR目标管理法源于目标管理理论（Management by Objectives，MBO），该理论于1954年由美国著名管理学家彼得·德鲁克提出。1999年约翰·道尔（John Doerr）将OKR目标管理法应用到谷歌公司中，随着谷歌创新文化的兴起以及对目标的追求，OKR 目标管理法推动谷歌发展的同时，自身也得到了飞跃性的发展。之后在 Meta（元）、LinkedIn（领英）等企业广泛使用。

OKR 目标管理法主要由 O 和 KR 两部分组成。执行 OKR 目标管理法首先要确定 O，即目标。目标必须是由管理者与员工共同商讨决定的，且是全面的、一致的、可行的、可以衡量的和具有挑战性的，能够激励员工，使员工产生成就感。目标制定后，公司每个季度的绩效考核不是针对 O，而是针对每个目标所对应的 KRs（关键成果）进行，KRs 必须是可以直接实现目标、具有创新性、可以衡量且和时间相联系的。

OKR 目标管理法一经引入中国，便受到了互联网公司的偏爱，如字节跳动公司就成功对 OKR 目标管理法进行了本土化调整和应用。采取合理的 OKR 目标管理法模式进行目标管理，可以促进企业的蓬勃发展。

（改编自卢媛媛《字节跳动的 OKR 目标管理分析》，
《现代管理》2023 年第 13 期）

第七课 组织设计要把握哪些原则？

学习目标

1. 语言功能：能够描述所在部门的组织结构和个人岗位职责。
2. 语 言 点：转折复句“虽然……，但……”；递进复句“连……都……，……更……”；副词“不愧”；连词“与其”；短语“这样一来”。
3. 专业知识：掌握关于组织结构和岗位设计的简要内容。

一 课文 07-01

（东方在校园里遇见了李文）

东方：李文，听说你假期一直在超市做暑期工，收获大不大呀？

李文：经济上的收获不大，但管理学的专业知识我可是收获了一大堆。

东方：哪方面的？说说看。

李文：这家超市虽然算不上什么大企业，但有着科学的组织结构，在组织设计上遵守了管理学的“目标一致”和“分工协作”原则，就连像我这样的暑期工的具体业务都规定得明明白白，其他各部门更是岗位职责明确，紧密配合，真是厉害！

东方：听你这么一说，让我想起中国的一句老话，“内行看门道，外行看热闹”。你不愧是学管理的，如果让别人去干，可能收获就是：这超市每天怎么都这么多人啊！累死我了！

李文：员工的这种想法，超市的管理者已经预料到了，所以为了提高大家对工作的满意度，他们采用了工作轮换、工作扩大化、工作丰富化等方法进行岗位管理。

东方："工作轮换"我还可以理解，就是让员工在不同的岗位之间进行调动吧，新的工作内容确实可以让大家产生新鲜感。但"工作扩大化""工作丰富化"难道不是让员工干得更多了吗？

李文：哈哈，你说得好像有道理，但是与其每天重复同一项任务，很多员工还是希望自己的任务更加多样化，更有挑战性。当然，前提是这种变化需要有一个合适的度，也就是说任何组织结构都要符合"柔性高效"的基本原则，不能过于稳定，也不应频繁调整。同时，还需要给成员对等的利益。

东方：最后这句我听懂了，工作难度和责任都涨了，工资肯定得"水涨船高"啊！

李文：对呀，这就是"责权利匹配"原则。这样一来，员工们的工作满意度、责任感、积极性也都跟着"水涨船高"啦。

二　生词 07-02

1. 暑期	shǔqī	*n.*	summer vacation time
2. 呀	ya	*part.*	*used after a word with the end of* -a, -e, -i, -o, -ü, *which is equivalent to* "啊"
3. 堆	duī	*m.*	(*used of things/people*) pile

4.	遵守	zūnshǒu	*v.*	to abide by
5.	一致	yízhì	*adj.*	congruent
6.	分工	fēn//gōng	*v.*	to divide the work
7.	协作	xiézuò	*v.*	to collaborate
8.	业务	yèwù	*n.*	business
9.	岗位	gǎngwèi	*n.*	position; post
10.	职责	zhízé	*n.*	responsibility
11.	紧密	jǐnmì	*adj.*	close; tight
12.	厉害	lìhai	*adj.*	awesome
13.	内行看门道，外行看热闹	nèiháng kàn méndao, wàiháng kàn rènao		Experts see the essence, while laymen see the show.
14.	不愧	búkuì	*adv.*	(*usually used before* "为" *or* "是") worthily
15.	预料	yùliào	*v.*	to expect
16.	满意度	mǎnyìdù	*n.*	degree of satisfaction
17.	轮换	lúnhuàn	*v.*	to rotate
18.	扩大化	kuòdàhuà	*v.*	enlargement
19.	调动	diàodòng	*v.*	to transfer
20.	新鲜感	xīnxiāngǎn	*n.*	sense of freshness
21.	与其	yǔqí	*conj.*	rather than
22.	挑战性	tiǎozhànxìng	*n.*	challenging
23.	前提	qiántí	*n.*	premise
24.	符合	fúhé	*v.*	to conform to

25. 柔性	róuxìng	*adj.*	flexible
26. 高效	gāoxiào	*adj.*	efficient
27. 过于	guòyú	*adv.*	too; excessively
28. 稳定	wěndìng	*adj.*	stable
29. 频繁	pínfán	*adj.*	frequent
30. 对等	duìděng	*adj.*	equal in rank/status
31. 涨	zhǎng	*v.*	to increase; to escalate
32. 水涨船高	shuǐzhǎng- -chuángāo		When the river rises, the boat goes up too.
33. 匹配	pǐpèi	*v.*	to match
34. 这样一来	zhèyàng-yìlái		thus
35. 责任感	zérèngǎn	*n.*	sense of responsibility

专业词语

1. 组织设计	zǔzhī shèjì	oraganizational design
2. 组织结构	zǔzhī jiégòu	oraganizational structure
3. 目标一致	mùbiāo yízhì	goal alignment
4. 分工协作	fēngōng xiézuò	division of labor and cooperation
5. 柔性高效	róuxìng gāoxiào	flexible and efficient
6. 权责利匹配	quán-zé-lì pǐpèi	authority-responsibility-benefit alignment

三 注释

1. 这家超市虽然算不上什么大企业，但有着科学的组织结构。

"虽然……，但……"，转折复句，前后两个分句意思相反。后一分句没有顺着前一分句的事实得出结论，而是表述了相反的结果。例如：

（1）这个岗位要求的工作时间虽然长，但难度不大。

（2）工作岗位的轮换虽然给员工带来了一定的压力，但也可以提高其综合能力。

2. 就连像我这样的暑期工的具体业务都规定得明明白白，其他各部门更是岗位职责明确。

"连……都……，……更……"，递进复句，前一分句是后一分句的衬托，后一分句的意思更进一层。例如：

（1）这个现象连科学家都解释不了，我就更说不清了。

（2）连小超市的管理都有着大学问，要管理好大型购物中心当然就更难了。

3. 你不愧是学管理的。

"不愧"，语气副词，意思是"当得起"，多跟"是"或"为"连用。例如：

（1）张经理不愧是职业经理人，确实有水平。

（2）王教授讲课特别有吸引力，不愧为教学名师啊。

4. 与其每天重复同一项任务，很多员工还是希望自己的任务更加多样化，更有挑战性。

"与其"，连词，在比较两件事或两种情况的利害得失而表示有所取舍时，"与其"用在舍弃的一面。例如：

（1）与其羡慕别人，不如加快自己前进的脚步。

（2）与其这样被别人误会，我感觉还是解释清楚比较好。

5. 这样一来，员工们的工作满意度、责任感、积极性也都跟着"水涨船高"啦。

"这样一来"，表示承接上文所述情况出现相应结果。例如：

（1）除了专业课，学院还为我们开设了高级汉语课，这样一来，我们的专业水平和语言能力得到了同步提升。

（2）我和他的误会解开了，这样一来，我们又恢复了之前的朋友关系。

四　练习

一、选择合适的词语填空

A. 匹配　B. 符合　C. 紧密　D. 稳定　E. 遵守

1. 在企业运营中，各部门间的 __________ 配合是提高整体效率的关键。
2. 对不起，目前来看，您的条件不 __________ 我们公司的招聘要求。
3. 男女双方性格、爱好和生活习惯都相互 __________ ，才更容易组建幸福的家庭。
4. 企业营造出让员工感到安全和被尊重的环境，是团队 __________ 的基础。
5. 想成为一名合格的员工，首先要 __________ 公司的规章制度。

二、用所给词语和结构完成对话

1. A：下个星期的中外学生歌唱大赛你要不要报名试试?

   B：______________________________。（虽然……，但……）

2. A：这家超市的东西真贵啊，一块生牛排要好几百！

   B：______________________________。（连……都……，……更……）

3. A：你想喝的咖啡我帮你买回来了。

   B：______________________________。（不愧）

4. A：你“十一”假期是留在学校，还是出去旅行?

   B：______________________________。（与其）

5. A：今年中秋节紧挨着国庆节，学校要连着放八天假呢！

   B：______________________________。（这样一来）

三、根据课文内容回答问题

1. 李文这个暑假有什么收获？
2. 李文为什么觉得那家超市很厉害？
3. 超市是如何提高员工们对工作的满意度的？
4. 说说课文中“水涨船高”的意思。
5. 怎样调整组织结构才算符合“柔性高效”原则？

四、口头表达

1. 说说课文中提到的组织结构设计原则。
2. 小组讨论后回答：解释“内行看门道，外行看热闹”的意思。举一个能体现管理学“门道”的生活中的例子。

五 拓展阅读

海尔“人单合一”的双赢管理模式

国际并购有一个“七七规律”，即并购的企业70%会失败，其中又有70%的失败原因在于企业文化不同，所以海尔提出了“沙拉式”文化。沙拉里有不同的果蔬，代表各个国家、各个企业不同的文化，但沙拉酱是统一的，就是“人单合一”。“人”就是员工，“单”就是用户的需求，“人单合一”就是把员工和用户的需求连在一起，实现双赢。

例如，海尔兼并美国GE Appliances（美国通用家电）时，没有派一个人去，但条件是，这个领导团队必须接受并运用海尔模式。对此，海尔总裁这样说道：“GE Appliances过去只有顾客，没有用户，把产品卖出去就算了。而我们要把所有的顾客变成用户，GE Appliances的员工将成为一个个小微公司、一个个面对市场的团队。”

此后的2018年，美国家电企业整体是负增长，但GE Appliances实现了两位数增长。

［改编自曹仰峰《海尔转型：人人都是CEO》(修订版)，中信出版社，2017年］

第八课 把合适的人放到合适的位置

学习目标

1. 语言功能：能够对两种不同事物或者同一事物的两个方面进行列举或者比较。
2. 语 言 点：短语“A来A去”“就是说”；副词“大都”“总算”；连词“从而”。
3. 专业知识：了解管理学组织职能中关于员工配备的相关知识。

一 课文 08-01

（东方和公司人事部李明聊天儿）

李明：时间过得真快啊。已经八月底了，“金九银十”马上就到了，又要开始全国各地飞来飞去了。

东方：“金九银十”？这个说法很新鲜，是关于什么的？

李明：“金九银十”是人才招聘的旺季啊，最近准备去学校秋招呢。

东方：为什么九月、十月是招聘的旺季呢？

李明：每年的九、十月份，一方面，正是各大企业为第二年拓展业务而大量吸纳人才的关键时期，招聘需求集中，岗位需求较多；另一方面，用人单位大都在初秋进行大规模招聘，正好可以避过炎热的夏天，因此可以说是招聘旺季。而且这个时间又刚好遇上应届高校毕业生要找工作，同时，想换工作的人也会在这时寻找更理想的工作，造成了人才流动的高峰，因此也可以说是求职旺季。

东方：我明白了。那咱们公司今年只有校园招聘吗？没有内部招聘吗？

李明：两种都有，不过这两种招聘方式各有利弊。内部招聘虽然有利于调动大家工作的积极性，有利于工作的快速展开，可是缺点也不少呢，可能会使公司发展缺乏活力，甚至造成“彼得现象”。

东方：“彼得现象”我知道，上课的时候老师说过，是指在组织中，员工由于表现优异而不断升职，最终达到自己无法胜任的职位，导致组织效率下降的现象。这样看，我们是该外部招聘一些新鲜血液来促进创新。忙完招聘总算能休息了吧？

李明：不行啊，招聘结束以后还得甄选，所以还得准备笔试、面试等测试，从而选出最适合岗位的人才，为了测试的信度和效度，还得准备不同的测试方法。

东方：这么复杂？那甄选完了能放松一下儿吗？

李明：也不行，要给他们提供必需的知识和技能，员工岗前、岗中都要安排培训。等他们都适应工作了，我们还得从薪酬啊、福利啊等方面，想办法留住高绩效的员工。更不用说还得做日常工作了。

东方：要能保证公司的正常运转和发展，还要发挥每个员工的能力。就是说，把合适的人放到合适的位置也不简单啊。

二　生词 08-02

1.	招聘	zhāopìn	*v.*	to recruit
2.	旺季	wàngjì	*n.*	peak season
3.	拓展	tuòzhǎn	*v.*	to expand
4.	吸纳	xīnà	*v.*	to acquire; to attract
5.	大都	dàdōu	*adv.*	mostly
6.	避	bì	*v.*	to avoid
7.	炎热	yánrè	*adj.*	scorching
8.	遇上	yùshang		to encounter
9.	应届	yīngjiè	*adj.*	this year's
10.	高峰	gāofēng	*n.*	peak
11.	求职	qiúzhí	*v.*	to seek employment
12.	内部	nèibù	*n.*	internal; inside
13.	各有利弊	gè yǒu lìbì		to cut both ways
14.	缺乏	quēfá	*v.*	to lack
15.	优异	yōuyì	*adj.*	excellent; outstanding
16.	最终	zuìzhōng	*n.*	final
17.	胜任	shèngrèn	*v.*	to be competent
18.	职位	zhíwèi	*n.*	position; post
19.	血液	xuèyè	*n.*	blood
20.	甄选	zhēnxuǎn	*v.*	to select
21.	笔试	bǐshì	*v.*	to give a written examination

22.	面试	miànshì	*v.*	to interview
23.	测试	cèshì	*v.*	to test
24.	从而	cóng'ér	*conj.*	thus
25.	信度	xìndù	*n.*	reliability
26.	效度	xiàodù	*n.*	validity
27.	必需	bìxū	*v.*	to be necessary
28.	培训	péixùn	*v.*	to train
29.	薪酬	xīnchóu	*n.*	remuneration
30.	福利	fúlì	*n.*	material benefits
31.	运转	yùnzhuǎn	*v.*	to operate; to run

专业词语

绩效	jìxiào	*n.*	performance

三 注释

1. 又要开始全国各地飞来飞去了。

"A 来 A 去"，表示动作的多次重复。例如：

（1）大家讨论来讨论去，最终还是没有想出解决办法。

（2）想来想去，还是小王最合适，毕竟他工作认真又负责。

2. 用人单位大都在初秋进行大规模招聘。

"大都"，范围副词，表示大部分、大多数。例如：

（1）参加此次招聘会的大都是管理专业的毕业生。

（2）销售的工作大都很忙，很少能在办公室安静工作。

3. 忙完招聘总算能休息了吧？

“总算”，语气副词，表示经过很长时间或者付出很大精力，才实现了愿望或者达到要求。例如：

（1）调查了三个星期，事情总算弄明白了。

（2）改了六次，我的工作方案总算得到了经理的认可。

4. 所以还得准备笔试、面试等测试，从而选出最适合岗位的人才。

“从而”，连词，表示结果、目的或者进一步的行动，连接分句或句子。例如：

（1）我们要充分了解员工的特点，从而把人安排到合适的岗位上。

（2）把员工放到合适的岗位，从而更好地完成工作。

5. 就是说，把合适的人放到合适的位置也不简单啊。

“就是说”，用来对前面的话进行解释，也可以表示推断。例如：

（1）公司的产品一直找不到市场。就是说，公司很可能会倒闭。

（2）世界上不存在完美的人，就是说，每个员工都可能犯错。

四　练习

一、选择合适的词语填空

A. 从而　　B. 总算　　C. 大都　　D. 遇上　　E. 职位

1. 有了新的发展机遇，科技公司 ＿＿＿＿＿ 发展良好。
2. 这些年来新修了很多地铁，＿＿＿＿＿ 缓解了交通堵塞的压力。
3. 他已经在分公司经理的 ＿＿＿＿＿ 上工作三年了，最近 ＿＿＿＿＿ 可以调到总公司了。
4. ＿＿＿＿＿ 经济危机，很多公司都破产了。

二、用所给词语完成对话

1. A：你们部门谁负责这个项目？

   B：________________________________。（A来A去）

2. A：你们公司一般什么时候招聘？

   B：________________________________。（大都）

3. A：你的项目进行得怎么样了？

   B：________________________________。（总算）

4. A：请问，你们公司产品的最大特点是什么？

   B：________________________________。（从而）

5. A：我怎么知道自己有没有被录取？

   B：________________________________。（就是说）

三、根据课文内容回答问题

1. 为什么九月、十月是招聘旺季？
2. 内部招聘的利弊分别是什么？
3. “彼得现象”是什么？
4. 怎么选出适合岗位的人才？
5. 李明在甄选以后可以放松吗？为什么？

四、口头表达

1. 说说你觉得怎样才能甄选出合适的人才。
2. 小组讨论后回答：内部招聘和校园招聘的利弊。

五　拓展阅读

“彼得原理”

“彼得原理”是美国学者劳伦斯·彼得（Dr. Laurence J. Peter）对组织中人员晋升的相关现象进行研究后得出的一个结论：在各种组织中，由于习惯对处在某个等级、职称上的人员进行晋升提拔，雇员总是趋向于被晋升到其无法胜任的职位上。“彼得原理”有时也被称为“向上爬”理论。这种现象在现实生活中无处不在：一位称职的教授被提升为大学校长后无法胜任工作；一名优秀的运动员被提升为主管体育的官员，导致无所作为。对一个组织而言，一旦其中的相当部分人员被推到其无法胜任的级别，就会造成组织的人浮于事、效率低下，导致平庸者出人头地，发展停滞。将职工晋升到无法很好发挥其才能的岗位，不仅不是对本人的奖励，反而会使其无法很好地发挥才能，也会给组织带来损失。“彼得原理”道破了所有阶层制度之谜。一切层级制度组织，如商业、工业、政治、行政、军事、宗教、教育各界，都存在“彼得原理”。

课文中出现的“彼得现象”与“彼得原理”密切相关，但并不完全相同。“彼得原理”是一个更广泛的概念，涉及组织中成员晋升的现象，而“彼得现象”是“彼得原理”的一个具体体现。

第九课 管理者如何提升领导力？

学习目标

1. 语言功能：能够准确解释专业词语；能够对问题进行深入分析。
2. 语 言 点：介词“依照”；让步复句“即使……，也……”；短语“不怎么”；助词“所”；固定结构“东一 A 西一 A”。
3. 专业知识：了解管理者和领导者的区别；掌握提升领导力的方式。

一 课文 09-01

（东方正在教室里和管理学专业张老师聊天儿）

东 方：老师，“其身正，不令而行；其身不正，虽令不从”是什么意思？

张老师：这句话的意思是当领导的人办各种事都合规矩，自然能得到大家的拥护，不用下命令，大家也会依照他去做；如果他本身言行不合规矩，即使是下了命令，大家也不会服从。明白了吗？

东 方：不怎么明白。应该和我们课本上讲的领导力有关系，对吧？

张老师：对，这就是我们课本上所讲的非权力性影响力的作用，它和岗位权力有很大不同。

东 方：岗位权力来源于法定职位，非权力性影响力来源于个人魅力及个人权力。也就是说领导者和管理者不一样，对吗？

张老师：对，管理者的权力是组织赋予的，更多是关注正确地做事；而领导者是通过自己的专业能力和人格魅力扩大自己的影响力，更多是关注做正确的事。

东　方：那么我们怎么判断一个人是管理者还是领导者?

张老师：我们可以通过观察领导效能高低来判断。在竞争复杂的现代社会，领导者的领导力和领导效能对组织的发展具有重要的作用。

东　方：老师，领导力是天生的吗?

张老师：关于这个问题有两种不同的看法。传统领导特性理论认为，领导者的品质是天生的，是由遗传因素决定的。但现代领导特性理论认为，领导者的品质和特性是在实践中形成的，可以通过后天的教育训练培养。不过这两种领导特性理论都有缺陷。唯一的好处是推动了领导行为理论研究的发展。

东　方：领导行为理论又是什么?

张老师：领导行为理论又叫“领导风格理论”或“领导方式理论”。在引导和影响组织成员的过程中，把领导者对所获得权力的使用方式称为领导行为或领导风格。领导行为理论主要致力于对领导者行为的考察，试图找出某些类型的领导者行为和员工工作满意度、员工生产率之间的关系。

东　方：也就是说，看哪种领导风格能更好地带领大家完成工作吗?

张老师：这个后续要学的理论很多，东一句西一句说不清楚。等我们学习的时候你好好体会。

东　方：作为管理者要如何提升领导力呢?

张老师：管理者可以通过一些方法来提高基本的领导力，比如：合理运用职位权力、提升个体的影响力、教化和支持下属等。

二 生词 09-02

1.	领导力	lǐngdǎolì	*n.*	leadership
2.	规矩	guīju	*n.*	rule
3.	拥护	yōnghù	*v.*	to support; to endorse
4.	命令	mìnglìng	*n.*	order; command
5.	依照	yīzhào	*prep.*	according to
6.	本身	běnshēn	*pron.*	oneself
7.	言行	yánxíng	*n.*	words and deeds
8.	即使	jíshǐ	*conj.*	even if
9.	服从	fúcóng	*v.*	to obey
10.	非	fēi	*pref.*	un-; non-
11.	权力	quánlì	*n.*	power; authority
12.	来源于	láiyuán yú		to come from
13.	赋予	fùyǔ	*v.*	to give; to endow
14.	人格	réngé	*n.*	personality
15.	天生	tiānshēng	*adj.*	inborn
16.	特性	tèxìng	*n.*	specific characteristic
17.	品质	pǐnzhì	*n.*	quality
18.	遗传	yíchuán	*v.*	to be inherited
19.	因素	yīnsù	*n.*	factor
20.	后天	hòutiān	*n.*	life after birth

21. 培养	péiyǎng	*v.*	to cultivate
22. 缺陷	quēxiàn	*n.*	defect
23. 唯一	wéiyī	*adj.*	only
24. 引导	yǐndǎo	*v.*	to guide
25. 获得	huòdé	*v.*	to gain; to obtain
26. 致力于	zhìlì yú		to apply oneself to
27. 考察	kǎochá	*v.*	to investigate
28. 试图	shìtú	*v.*	to try; to attempt
29. 类型	lèixíng	*n.*	type; category
30. 率	lǜ	*suf.*	rate
31. 后续	hòuxù	*adj.*	follow-up
32. 教化	jiàohuà	*v.*	to educate
33. 下属	xiàshǔ	*n.*	subordinate

三 注释

1. 大家也会依照他去做。

"依照"，介词，表示以某一规定或者情况为标准照着进行，多用于书面表达。例如：

（1）我们的方案要依照新的情况来调整。

（2）依照公司的最新规定，销售业绩超过 100 万的员工可以获得一万元奖金。

2. 即使是下了命令，大家也不会服从。

"即使……，也……"，让步复句，表示说话人假设出现了某种情况，但事情的结果或者对这件事的看法不会改变。例如：

（1）即使经理批准了这个计划，人事部门也不会同意的。

（2）他真的很忙，即使周末，也常常要加班。

3. 不怎么明白。

“不怎么”，可以用在动词前表示不喜欢或者不经常做某事，也可以用在形容词前表示程度不深或者特征不明显。例如：

（1）她不怎么喜欢旅游，放假时更喜欢在家看书。

（2）他不怎么喜欢热闹，下了班就回家待着。

（3）李经理的感冒不怎么严重，所以今天来公司上班了。

4. 这就是我们课本上所讲的非权力性影响力的作用。

“所”，结构助词，用在动词前，“所＋动词”构成一个名词性短语。例如：

（1）我所做的每一个决定都经过了认真思考。

（2）这次招聘会所花费的时间和成本都超出了预算。

5. 东一句西一句说不清楚。

“东一A西一A”，表示零散、杂乱，没有顺序。例如：

（1）你说的话东一句西一句，重点是什么啊？

（2）工作的时候不能东一下儿西一下儿的，应该提前做好计划。

四 练习

一、选择合适的词语填空

A. 依照　B. 不怎么　C. 即使　D. 试图　E. 因素

1. 我对这里 __________ 熟悉，你给我推荐几个好玩儿的地方吧。
2. 企业经营能否成功会受到哪些 __________ 的影响？
3. 做销售就是这样，__________ 被拒绝也得坚持。

4. __________ 公司的规定，应聘者应聘本公司职位时，一般应当年满 18 周岁，身体健康，符合岗位录用条件。

5. 他 __________ 说服老板投资这个项目。

二、用所给词语和结构完成对话

1. A：____。（依照）
   B：太好了，终于可以休息了，你打算干什么？
2. A：你最近怎么天天早出晚归的？
   B：____。（即使……，也……）
3. A：你最近没去健身房吗？
   B：最近太忙了，______________________________。（不怎么）
4. A：招聘会不是很顺利吗？王经理怎么不高兴？
   B：别提了，__________________________________。（所 + V）
5. A：你想好毕业后做什么了吗？不能__________________吧？（东一 A 西一 A）
   B：我还没想好呢，考研和找工作都挺难的。

三、根据课文内容回答问题

1. 领导力是什么？
2. 领导力和什么有关系？
3. 管理者和领导者有什么区别？
4. 怎样判断一个人是管理者还是领导者？
5. 管理者如何提升领导力？

四、口头表达

1. 说一说你对“其身正，不令而行；其身不正，虽令不从”这句话的理解。
2. 小组讨论后回答：管理者怎样提升领导力？

五 拓展阅读

领导效能

领导效能是指领导者在领导过程中的行为能力、工作状态和工作结果，即实现领导目标的领导能力和所获得领导效率与领导效益的系统综合。它包括三个要素：第一，领导能力。领导能力是指一种能够激发团队成员的热情、动力和创造力，以实现共同目标的能力。第二，领导效率。领导效率是指已经实现的领导任务或者目标与完成时间的比率，也就是完成一定数量和质量的领导任务或者目标的速度。第三，领导效益。领导效益是指领导活动的最终结果，也就是领导活动投入与领导活动结果的比率，它包括经济效益、政治效益、文化效益、人才效益，以及社会效益等，是个综合性的指标。

第十课 怎样激励大家去打拼？

学习目标

1. 语言功能：能够围绕“激励”话题展开讨论。
2. 语 言 点：副词“异常”“偶尔”“特意”；连词“与”；短语“有所不同”。
3. 专业知识：掌握与激励相关的管理学知识。

一 课文 10-01

（管理学课程小组讨论）

李文：今天我们讨论一下儿如何有效地激励员工的工作积极性。

东方：这确实很重要，有些员工拥有异常出色的能力，但工作表现却不尽如人意，我们需要找出问题所在。

李文：在我看来，员工需要在一个良好的工作环境中才能更好地发挥自己的潜力，因为人与人之间有很大差异，所以他们的激励需求和对他们的激励方式也会有所不同。就像在学校里，有的学生可能对教科书内容不感兴趣，但他们喜欢打篮球，这时我们可以通过奖励他们可以在学习后去打篮球来激励他们努力学习。

东方：是的，有些员工也是这样。但有时候即使承诺奖励，他们也难以保持兴趣。如果在员工管理中遇到这种情况，该怎么办呢？

李文：面对这种情况时，可以根据员工的兴趣、优势和价值观来分配任务。尤其是一些具有挑战性的任务，将任务与员工的兴趣结合起来，可以更好地激发他们的积极性和潜力。如果员工顺利完成了具有挑战性的任务，作为领导者，你需要及时给予他们合理的奖励。

东方：除了口头表扬，或者偶尔给一些奖金，还有其他更好的奖励方式吗？

李文：奖励呢，一方面要让员工喜欢，另一方面要跟员工的工作成效相关。比如说，有些员工注重面子，那你可以在其他员工面前特意表扬他们，这可能是一种很好的奖励方式。而对于那些更注重实际回报的员工来说，奖金可能更具吸引力。还可以给员工奖励更久的假期或者更大的权力。但无论奖励方式如何，都要确保公平公正，这样才能保持长期的激励效果。

东方：除了这些方法，还有其他方式可以提高员工的工作积极性吗？

李文：当然，员工培训也是一个重要的激励手段。通过培训，员工可以提高自我激励能力，认识到自己的潜力，从而更积极地投入工作。总之，激发员工的内在动机需要多种方法相结合，这样才能激励他们更加努力和积极地工作。

东方：看来学好管理学确实有助于更好地管理一家公司。

二 生词 10-02

1.	激励	jīlì	*v.*	to motivate
2.	打拼	dǎpīn	*v.*	to strive; to work hard

3.	拥有	yōngyǒu	*v.*	to possess; to have
4.	异常	yìcháng	*adv.*	exceptionally
5.	出色	chūsè	*adj.*	outstanding
6.	却	què	*conj.*	but; however
7.	尽如人意	jìnrú-rényì		(*usually used in the negative*) just as one wishes
8.	潜力	qiánlì	*n.*	potential
9.	差异	chāyì	*n.*	difference
10.	有所不同	yǒusuǒ bù tóng		to be different
11.	教科书	jiàokēshū	*n.*	textbook
12.	价值观	jiàzhíguān	*n.*	values
13.	将	jiāng	*prep.*	*used to introduce the object before the verb*
14.	给予	jǐyǔ	*v.*	to give
15.	口头	kǒutóu	*adj.*	oral; verbal
16.	表扬	biǎoyáng	*v.*	to praise
17.	偶尔	ǒu’ěr	*adv.*	occasionally
18.	奖金	jiǎngjīn	*n.*	bonus
19.	成效	chéngxiào	*n.*	effect
20.	注重	zhùzhòng	*v.*	to emphasize
21.	面子	miànzi	*n.*	face; dignity
22.	特意	tèyì	*adv.*	specially; especially
23.	对于	duìyú	*prep.*	for; with regard to

24. 回报	huíbào	*v.*	to return; to repay
25. 公正	gōngzhèng	*adj.*	fair; just
26. 手段	shǒuduàn	*n.*	means; method
27. 投入	tóurù	*v.*	to invest; to input
28. 有助于	yǒuzhùyú	*v.*	to contribute to; to be conducive to

专业词语

1. 员工培训	yuángōng péixùn	employee training
2. 内在动机	nèizài dòngjī	intrinsic motivation

三 注释

1. 有些员工拥有异常出色的能力。

“异常”，程度副词，非常、特别。后面通常是形容词性成分。例如：

（1）今天的天气异常炎热，远远超出了我们的预期温度。

（2）这台电脑的性能异常强大，可以轻松处理多项任务。

2. 因为人与人之间有很大差异，所以他们的激励需求和对他们的激励方式也会有所不同。

“与”，连词，表示并列，连接词或短语。例如：

（1）成与不成，都看你的了！

（2）友谊是建立在信任与互相理解之上的。

3. 因为人与人之间有很大差异，所以他们的激励需求和对他们的激励方式也会有所不同。

"有所不同"，表示不同事物之间有不一样的地方。例如：

（1）尽管我们的观点有所不同，但仍然能够友好地交流。

（2）在不同的时期，人们对社会问题的看法可能有所不同。

4. 除了口头表扬，或者偶尔给一些奖金。

"偶尔"，频率副词，表示某事发生的次数不多，是偶然的、临时的，而不是经常或定期发生的。后面通常连接事情、行动或情况。例如：

（1）他不常请假，只是偶尔有事时才请一次。

（2）我们偶尔会举行家庭聚会，亲友团聚在一起度过愉快的时光。

5. 有些员工注重面子，那你可以在其他员工面前特意表扬他们。

"特意"，方式副词，表示有目的或特别为了某种目的而做某事，后面通常连接做的事情。例如：

（1）李明今天第一天上班，特意穿了双新皮鞋。

（2）她特意买了一束鲜花，以表达对朋友的感谢之情。

四 练习

一、选择合适的词语填空

A. 投入　　B. 差异　　C. 注重　　D. 表扬　　E. 回报

1. 付出努力就会有相应的 ＿＿＿＿＿。
2. 他 ＿＿＿＿＿ 了大量的时间阅读书籍。
3. 他因为比赛获得第一名受到了老师的 ＿＿＿＿＿。
4. 这份报告的内容与之前的版本存在一些 ＿＿＿＿＿，需要仔细核对。
5. 他们公司非常 ＿＿＿＿＿ 对员工的培训。

二、用所给词语完成对话

1. A：今年你们那里天气怎么样？

   B：______________________________。（异常）

2. A：你喜欢一个人旅行吗？

   B：______________________________。（与）

3. A：你们公司为什么能获得成功？

   B：______________________________。（有所不同）

4. A：你平时早餐都吃什么？

   B：______________________________。（偶尔）

5. A：你为什么送我这份礼物？

   B：______________________________。（特意）

三、根据课文内容回答问题

1. 不同人的激励需求和对应的激励方式一样吗？
2. 领导者应该如何激励员工？
3. 除了口头表扬或给予奖金，还有什么其他的奖励方式？
4. 无论哪种奖励方式，都需要保证什么？
5. 还有什么方式可以提高员工的工作积极性？

四、口头表达

1. 说说你认为应该如何激发员工的工作积极性。
2. 小组讨论后回答：如何通过员工培训激发员工的内在动机？

五　拓展阅读

需要层次论

美国人本主义心理学家亚伯拉罕·马斯洛（Abraham Maslow）率先对人的需要进行研究,1943 年在其《人类动机理论》一文中首次提出了“需要层次论”，并于 1954 年在《动机与人格》一书中做了更全面的阐述。

马斯洛认为，人生来固有五个层次的需要，这些需要由低到高分别为生理需要（physiological needs)、安全需要（safety needs)、社交需要（love/belonging needs)、尊重需要（esteem needs）与自我实现需要（self-actualization needs)。生理需要是人类维持自身生存与发展的需要，如吃饭、穿衣、饮水、住房等需要。安全需要是寻求依赖和保护、避免危险与灾难的需要，包括职业安全、人身安全、社会保障与劳动保护等。社交需要是人们社会交往方面的需要，即人们希望归属于一定的群体，成为其中的一员，相互关心、相互支持，并希望通过付出情感得到他人的友谊与爱。尊重需要包括自我尊重与希望受到他人尊重两层含义。自我实现需要是指人有充分发挥自己的潜在能力、越来越成为自己所期望的人物、完成与自己的能力相称的工作的需要，这是人最高层次的需要。

（改编自徐向艺主编《管理学》，经济科学出版社，2018 年）

第十一课

沟通的类型有哪些？

学习目标

1. 语言功能：能够依据不同标准对事物进行分类和讨论。
2. 语 言 点：短语“不怎么样”；兼语句（表致使）；介词“依据”；副词“一同”。
3. 专业知识：掌握与沟通相关的管理学知识。

一 课文 11-01

（东方和同学江河在食堂聊天儿）

江河：下个星期学院的音乐会，你们部门筹备得怎么样了？

东方：不怎么样，我现在正为这事烦恼呢。我们部门内部沟通太少了，任务下发后没有人告知我工作进展。

江河：这个问题我们部门也碰到过，但我们通过加强沟通解决了这个问题，不仅提高了工作效率，还增进了部门的凝聚力。你可以主动与部门成员沟通，明确工作要求，叫他们及时向你汇报工作进展。

东方：原来问题出在这里啊！那我是不是需要先召集部门成员开个会，然后再详细讨论音乐会的工作？

江河：你提到的方式当然行得通，口头沟通是最常见的方式，也可以考虑线上会议、电话联系等口头沟通形式。如果时间和地点上有限制，书面沟通也是一个好方法，比如发送工作邮件或使用短信等。

东方：我明白了！还有其他类型的沟通方式吗？我想学习掌握更多！

江河：口头沟通和书面沟通是按照沟通方式分类的，还有其他的分类方式。比如，依据沟通的组织系统可以分为正式沟通和非正式沟通，你布置部门任务以及部门成员向你汇报工作进度都属于正式沟通。

东方：那非正式沟通呢？

江河：比如，为了更好地开展工作，你的部门成员自行组建其他的小组，在各自的小组内进行沟通就是非正式沟通。

东方：我在上课时学到按照沟通主体不同，可以分为人际沟通、群体沟通、组织沟通和跨文化沟通。

江河：你说得很对。具体而言，信息和情感互相传递的过程是人际沟通，在一定的群体或组织中进行沟通叫群体沟通或者组织沟通，而在不同文化背景之下进行沟通则称为跨文化沟通。

东方：谢谢你给我提供了这么多关于沟通的知识，也很感谢你的建议！我现在可以更好地与部门成员联系，一同筹备音乐会了。

江河：不用客气！有什么问题解决了就好啦！

二　生词 11–02

1.	筹备	chóubèi	*v.*	to prepare
2.	不怎么样	bùzěnmeyàng		not very good

3.	烦恼	fánnǎo	*adj.*	worried
4.	告知	gàozhī	*v.*	to inform; to tell
5.	增进	zēngjìn	*v.*	to enhance
6.	凝聚力	níngjùlì	*n.*	cohesion
7.	汇报	huìbào	*v.*	to report
8.	召集	zhàojí	*v.*	to call together
9.	详细	xiángxì	*adj.*	detailed
10.	限制	xiànzhì	*v.*	to restrict
11.	书面	shūmiàn	*adj.*	written
12.	掌握	zhǎngwò	*v.*	to master; to learn
13.	分类	fēn//lèi	*v.*	to classify
14.	依据	yījù	*prep.*	according to
15.	分为	fēnwéi		to divide into
16.	布置	bùzhì	*v.*	to arrange; to assign
17.	自行	zìxíng	*adv.*	on one's own
18.	组建	zǔjiàn	*v.*	to form; to set up
19.	主体	zhǔtǐ	*n.*	subject; entity
20.	传递	chuándì	*v.*	to convey
21.	之下	zhīxià	*n.*	under; within
22.	一同	yìtóng	*adv.*	together
23.	客气	kèqi	*v.*	to speak/behave politely/modestly

专业词语

1.	正式沟通	zhèngshì gōutōng	formal communication
2.	非正式沟通	fēizhèngshì gōutōng	informal communication
3.	人际沟通	rénjì gōutōng	interpersonal communication
4.	群体沟通	qúntǐ gōutōng	group communication
5.	组织沟通	zǔzhī gōutōng	organizational communication
6.	跨文化沟通	kuàwénhuà gōutōng	cross-cultural communication

三 注释

1. 不怎么样，我现在正为这事烦恼呢。

"不怎么样"，表示事物或情况不是很好，质量不高或表现不佳。例如：

（1）这个餐厅的服务不怎么样，我不会再来了。

（2）今天的天气真不怎么样，一直在下雨。

2. 你可以主动与部门成员沟通，明确工作要求，叫他们及时向你汇报工作进展。

"叫"，发出口头命令或请求，要求某人或某物采取行动。表致使的兼语句结构为：主语 + 叫 + 人称代词 + 动词短语。例如：

（1）妈妈叫我去超市买些吃的。

（2）老师叫大家安静下来，要上课了。

3. 依据沟通的组织系统可以分为正式沟通和非正式沟通。

"依据"，介词，根据某事物或规则来做决定或采取行动。例如：

（1）我们要依据客户的需求来制订计划。

（2）警察依据线索抓住了坏人。

4. 我现在可以更好地与部门成员联系，一同筹备音乐会了。

“一同”，协同副词，一起进行某项活动。例如：

（1）这是我们一同努力的结果。

（2）我们可以一同为他庆祝生日。

四 练习

一、选择合适的词语填空

A. 不怎么样　B. 叫　C. 依据　D. 一同　E. 组建

1. 公司 __________ 他去中国工作。
2. 我们需要 __________ 一个项目小组来处理这个任务。
3. 这个计划是 __________ 市场研究的结果制订的。
4. 我这次的考试结果 __________，我需要更加努力地学习。
5. 我们明天 __________ 去参观博物馆，怎么样？

二、用所给词语完成对话

1. A：你最近怎么样？

   B：____。（不怎么样）

2. A：下课了，你怎么还不回宿舍？

   B：____。（叫）

3. A：你是如何制订销售计划的？

   B：____。（依据）

4. A：你要去参加周五的学术会议吗？

   B：____。（一同）

三、根据课文内容回答问题

1. 学院音乐会现在筹备得怎么样了？
2. 面对任务下发后没人汇报工作进展的问题，江河是如何处理的？
3. 如果时间和地点有限制，可以采用哪种沟通方式？
4. 除了口头沟通和书面沟通外，还有哪些沟通方式？
5. 东方接下来会怎么做？

四、口头表达

1. 你认为“沟通”是什么？
2. 小组讨论后回答：如果需要你来筹备一场运动会，你会如何与成员沟通？

五　拓展阅读

有效沟通

所谓“有效沟通”，指的是信息接收者在收到信息后，能够按照信息发送者的本意去理解和把握信息，并将自身的反应反馈给信息发送者。怎样才能尽可能确保沟通内容的准确和沟通的高效呢？有效沟通还需要遵循一定的原则。

（1）可信赖性（Credibility），即建立对传播者的信赖。

（2）一致性（Context，又译为情境架构），指传播须与环境（物质的、社会的、心理的、时间的环境等等）相协调。

（3）内容的可接受性（Content），指传播内容须与受众有关，必须能引起他们的兴趣，满足他们的需要。

（4）表达的明确性（Clarity），指信息的组织形式应该简洁明了，易于公众接受。

（5）渠道的多样性（Channels），指应该有针对性地运用传播媒介以达到向目标受众传播信息的目标。

（6）持续性与连贯性（Continuity and consistency），这是说沟通是一个没有终点的过程，要达到渗透的目的，必须对信息进行重复，但又须在重复中不断补充新的内容，这一过程应该持续下去。

（7）受众能力的差异性（Capability of audience），这是说沟通必须考虑沟通对象能力的差异，采取不同方法实施传播，这样才能使传播易为受众理解和接受。

以上原则均以“C”开头，被称为有效沟通的“7C 原则”。

（改编自徐向艺主编《管理学》，经济科学出版社，2018 年）

第十二课

控制的内容是什么？

学习目标

1. 语言功能：能够通过深入分析案例的方式阐述自己的观点。
2. 语 言 点：副词“恰好”“实时”；目的复句“……，以便……”“……，为的是……”。
3. 专业知识：掌握与控制相关的管理学知识。

一 课文 12-01

（校园里）

东方：你好，李文，你是要去哪儿？

李文：你好，东方，我想去奶茶店买奶茶和冰淇淋。

东方：真巧！恰好我也想去学校门口新开的那家奶茶店看一看，咱们一起去吧！

李文：好啊！咱们学校附近有好几家这个奶茶店，买的人都很多，看来这个奶茶店的饮品是真的不错。真想知道他们是怎么运营的。

东方：我们管理学老师前几天把这家奶茶店作为案例给我们讲了，它成功的原因之一是拥有完善的控制系统。这个控制系统有助于奶茶店实现整个产业链的一体化管理，包括产品研发、生产、仓储物流、销售和连锁经营等方面的管理。

李文：这里的控制是指对运营状况进行监督吗？

东方：不完全是，这属于管理控制中的运营控制，也就是在设定的目标下，对经营活动进行监督和改进。当然，成功的企业还会采用其他形式的管理控制，如战略与计划控制、财务控制、人力资源控制和信息技术控制等。

李文：你说的运营控制我明白了。那战略与计划控制是对企业的战略目标进行监控和评价吗？

东方：可以这么理解。企业战略与计划控制主要是评估企业的战略目标与实际经营情况之间的差距，企业基于此进行调整，以便更好地实现战略目标。

李文：我明白了。财务控制和人力资源控制很容易理解。那信息技术控制是指什么？

东方：信息技术控制就是企业建立的信息系统，利用互联网、大数据和人工智能等技术，可以实时加工、传递和存储信息。举个例子，奶茶店利用内部的信息系统来处理订货、库存和销售等数据，为的是利用信息系统来辅助决策制定。这些都是企业进行信息技术控制的方式。

李文：看来一个成功的企业背后少不了成功的战略和运营理念。现在咱们就去店里，一起享受奶茶和冰淇淋吧！

东方：好的，咱们走吧！

二 生词 12-02

1.	冰淇淋	bīngqílín	*n.*	ice cream
2.	恰好	qiàhǎo	*adv.*	just right
3.	附近	fùjìn	*n.*	(in the) vicinity of
4.	饮品	yǐnpǐn	*n.*	beverage
5.	运营	yùnyíng	*v.*	to operate
6.	案例	ànlì	*n.*	case; example
7.	之一	zhīyī	*n.*	one of
8.	一体化	yìtǐhuà	*v.*	to unify; to integrate
9.	研发	yánfā	*v.*	to research and develop
10.	仓储	cāngchǔ	*v.*	to keep (grain, etc.) in a storehouse
11.	物流	wùliú	*n.*	logistics
12.	销售	xiāoshòu	*v.*	to sell
13.	连锁	liánsuǒ	*adj.*	chain
14.	监督	jiāndū	*v.*	to supervise
15.	设定	shèdìng	*v.*	to set
16.	战略	zhànlüè	*n.*	strategy
17.	财务	cáiwù	*n.*	finance
18.	人力	rénlì	*n.*	human resources
19.	监控	jiānkòng	*v.*	to monitor
20.	评估	pínggū	*v.*	to evaluate

21.	差距	chājù	*n.*	difference
22.	基于	jīyú	*prep.*	based on
23.	此	cǐ	*pron.*	this; these
24.	以便	yǐbiàn	*conj.*	so as to
25.	大数据	dàshùjù	*n.*	big data
26.	人工智能	réngōng-zhìnéng		AI (artificial intelligence)
27.	实时	shíshí	*adv.*	real-time
28.	存储	cúnchǔ	*v.*	to store
29.	货	huò	*n.*	goods
30.	库存	kùcún	*n.*	inventory
31.	数据	shùjù	*n.*	data
32.	辅助	fǔzhù	*v.*	to assist
33.	理念	lǐniàn	*n.*	concept; idea
34.	享受	xiǎngshòu	*v.*	to enjoy

专业词语

1.	控制系统	kòngzhì xìtǒng	control system
2.	产品研发	chǎnpǐn yánfā	product research and development
3.	仓储物流	cāngchǔ wùliú	warehousing and logistics
4.	连锁经营	liánsuǒ jīngyíng	chain operation
5.	管理控制	guǎnlǐ kòngzhì	management control

三 注释

1. 恰好我也想去学校门口新开的那家奶茶店看一看，咱们一起去吧！

“恰好”，语气副词，表示巧合或符合预期。例如：

（1）哥哥非常粗心，弟弟却恰好相反。

（2）早不来，晚不来，恰好要出门的时候他来了。

2. 企业基于此进行调整，以便更好地实现战略目标。

“……，以便……”，目的复句，前一分句表示行为，后一分句表示希望达到的目的。例如：

（1）把手机号留下吧，以便跟你联系。

（2）我们要早一点儿出门，以便坐上第一班公交车。

3. 信息技术控制就是企业建立的信息系统，利用互联网、大数据和人工智能等技术，可以实时加工、传递和存储信息。

“实时”，时间副词，表示与某事发生、发展的实际时间同步（做某事）。例如：

（1）智能设备可以实时同步数据。

（2）科学家们通过卫星数据实时监测气候变化。

4. 举个例子，奶茶店利用内部的信息系统来处理订货、库存和销售等数据，为的是利用信息系统来辅助决策制定。

“……，为的是……”，目的复句，前一分句表示行为，后一分句解释了这个行为的目的，更强调目的。例如：

（1）我把车停在外面，为的是走的时候方便。

（2）老师这节课什么也没讲，为的是让我们有时间多练习口语。

四 练习

一、选择合适的词语填空

A. 案例　B. 差距　C. 附近　D. 辅助　E. 理念

1. 学校 ________ 有一家很大的书店，里面有各种书和杂志。
2. 这个软件可以 ________ 你管理自己的学习进度。
3. 我校的教育 ________ 是激发学生的创造力和独立思考能力。
4. 管理学老师这节课讲解了一个经典的管理 ________ 。
5. 我们可以通过不断努力，缩小和其他人成绩上的 ________ 。

二、用所给词语和结构完成对话

1. A：你的衣服怎么湿了？
   B：________________________________。（恰好）
2. A：你最近怎么不开车上班了？
   B：________________________________。（……，以便……）
3. A：这个播报天气的软件有什么优势？
   B：________________________________。（实时）
4. A：她跟你说了什么？
   B：________________________________。（……，为的是……）

三、根据课文内容回答问题

1. 东方和李文要一起去哪里？
2. 东方提到奶茶店的成功原因之一是什么？
3. 完善的控制系统有什么作用？
4. 有哪些管理控制类型？
5. 信息技术控制是什么？

四、口头表达

1. 你认为“控制”的内容是什么?

2. 小组讨论后回答:你认为一家企业需要怎样的控制系统?

五　拓展阅读

控制的原则

组织重视控制工作,是因为组织如果缺少有效控制就会产生错乱,甚至偏离正确的轨道。要想构造一个适宜有效的控制系统,应遵循以下原则:

1. 有效标准原则。制定的控制标准必须与组织的理念、目标相一致,对员工的工作行为具有指引和导向作用,并便于对各项工作及其成果进行检查和评价。

2. 控制关键点原则。一般而言,管理者在控制过程中所面临的内外环境是复杂多变的,影响组织绩效的因素也是多种多样的,这就需要管理者善于把握问题的关键,将注意力集中于计划执行中的一些主要影响因素上。

3. 控制趋势原则。由于管理控制中往往存在时间滞后的问题,所以面向未来的控制趋势就至关重要。对控制全局的管理者来说,重要的通常不是现状本身,而是现状所预示的趋势。

4. 直接控制原则。直接控制是相对于间接控制而言的,直接控制着眼于培养更好的主管人员,使他们能熟练地应用管理的概念、技术和原理,能以系统的观点来实施并改善他们的管理工作。

5. 例外原则。管理者越是集中精力对例外情况进行控制,控制的效果就会越好。该原则认为,管理者不可能控制所有活动,而应把控制的主要精力集中于一些重要的例外偏差上,以取得更高的控制效能和效率。

(改编自徐向艺主编《管理学》,经济科学出版社,2018 年)

第十三课 危机来了怎么办？

学习目标

1. 语言功能：能够组织临时会议，统筹各部门商讨解决方案；通过对不同意见进行分析概括，对整体情况做出判断。
2. 语 言 点：固定结构“到……为止”；助词“也好”。
3. 专业知识：了解危机管理的相关知识。

一 课文 13-01

（李总在公司会议室里跟职员开会）

李　　总：大家好，今天临时把大家叫来主要是因为我们的新品出了问题，事情发生得比较突然。小王，你来说下儿基本情况。

职员小王：好的，李总。我们上个月刚推出的产品送检不合格，网络上也有部分用户反映使用效果太差，现在官方发布了送检不合格的具体名单，我们公司排在第二位。现在用户意见很大，我们得赶快行动起来。

李　　总：情况紧急，趁事件热度还没有上去，我们来讨论下儿具体方案，各部门有什么想法都说一说。小张，你们研发部先来吧。

职员小张：这次问题其实主要出在我们产品研发部，我这边已经拿到了送检结果，但奇怪的是，这和我们之前多次自检的结果相差太多，所以我们有理由认为可能是官方抽检的样本出了问题。

李　　总：嗯，我大概知道了。派人跟那边对接一下儿，有消息了立马通知我。公关部在吗?

职员小杨：李总，我在，我们正在联络部分给了差评的用户。另外，目前看下来，对手公司那边还没什么动作。

李　　总：好在目前这些差评还没有引发太大关注，时刻注意他们的情况，有任何变动立刻通知我。等研发部那边有了消息，立刻着手准备接下来的新闻发布会。

职员小杨：好的，李总。

李　　总：剩下市场部了，客户那边怎么说？你们联系了吗?

职员小王：李总，到现在为止我们已经稳住了最主要的几家客户，他们还在等我们的消息，这边结果一出来就立刻联系。

李　　总：这样也好。说来说去还是得看研发部和检方的沟通情况，如果真是抽检样本有问题，那一切就都好说了。研发部注意了，一定要和检方仔细核对结果，不要再出什么问题。

职员小张：收到，李总。

李　　总：行，那就先这样，散会。

二　生词 13-02

1. 危机	wēijī	*n.*	crisis
2. 临时	línshí	*adj.*	temporary

3.	推出	tuīchū	*v.*	to launch
4.	网络	wǎngluò	*n.*	network; the web
5.	用户	yònghù	*n.*	user
6.	反映	fǎnyìng	*v.*	to reflect
7.	官方	guānfāng	*n.*	official (side)
8.	发布	fābù	*v.*	to release; to issue
9.	趁	chèn	*prep.*	taking advantage of
10.	多次	duō cì		repeatedly
11.	样本	yàngběn	*n.*	sample
12.	联络	liánluò	*v.*	to contact
13.	引发	yǐnfā	*v.*	to arouse
14.	变动	biàndòng	*v.*	to change
15.	着手	zhuóshǒu	*v.*	to set about
16.	剩下	shèngxia		to have left (over); to remain
17.	客户	kèhù	*n.*	customer
18.	为止	wéizhǐ	*v.*	to be up to
19.	稳	wěn	*v.*	to stabilize
20.	也好	yěhǎo	*part.*	well and good
21.	好说	hǎoshuō	*v.*	to be easy to negotiate
22.	仔细	zǐxì	*adj.*	careful
23.	核对	héduì	*v.*	to check

专业词语

1.	公关	gōngguān	*n.*	public relations
2.	新闻发布会	xīnwén fābùhuì		press conference

三 注释

1. 到现在为止我们已经稳住了最主要的几家客户。

“到……为止”，与时间名词或具体事件结合使用，表示截止时间。通常做状语，出现在句首。例如：

（1）到目前为止，公司的人已经走了一半了，我看咱们也早做打算吧。

（2）到现在为止，我还是没有等来任何道歉，可见对方没有丝毫悔意。

2. 这样也好。

“也好”，助词，表示一种委婉评判，相当于“也行”“也可以”，在句中充当谓语。例如：

（1）他不同意也好，咱们不要勉强人家。

（2）A：她说她不来了。

B：不来也好，我还担心她来了又闹起来，到时候不好看。

四 练习

一、选择合适的词语填空

A. 发布　B. 着手　C. 推出　D. 剩下　E. 引发

1. 你们部门这次 __________ 的政策可以啊，大家现在的工作效率都高了不少。
2. 请各位时刻关注工作群里 __________ 的消息，我们会在会议期间进行线上签到。
3. 这次地震 __________ 了海啸，还在沿海地区出差的同事请一定注意安全。
4. 已经下班了，__________ 的工作明天再说吧，我先走了。
5. 刚才李总谈了下儿我们这个项目可以从哪些方面 __________ 推进，我听了很受启发。

二、用所给词语和结构完成对话

1. A：这都过去一个礼拜了，他还没来找你吗？
   B：____。（到……为止）
2. A：我今天头疼得厉害，不想起床了。
   B：____。（也好）

三、根据课文内容回答问题

1. 公司的新品出了什么问题？
2. 哪些部门参与了本次会议？
3. 公关部采取了哪些应对措施？
4. 市场部目前情况如何？
5. 根据最后李总所说，这次新品危机的问题关键在于哪里？

四、口头表达

1. 结合课文，谈谈危机管理的主要流程。

2. 小组讨论后回答：如果送去抽检的样本没有问题，公司接下来将如何应对这次危机?

五　拓展阅读

危机管理

杰克·韦尔奇（Jack Welch）在《赢的答案：尊享版》一书中提出了处理危机时应当考虑的“五种假设”，为管理者在应对危机时提供方向性的指导：第一，假设问题本身要比表现出来的更糟糕。绝大多数的危机都要比你接到第一个电话时所能想象的更为严重，而且会持续更长的时间，变得更难以控制。因此，危机出现的早期就要调整好自己的心态。第二，假设这个世界上并不存在秘密，每个人最终都会知道一切事情的真相。你设法封锁的消息最终会泄露出去，而且在消息散播的过程中，肯定会走样、扭曲，唯一的解决办法就是自己先把问题揭露出来。第三，假设你和你的团队对危机的处理将被他人以最不利的视角描述出来。不管你认为自己有多清白，不管你认为自己团队对问题的处理有多尽善尽美，这都与舆论毫不相关。第四，假设在危机处理的过程中，相关的人和事会发生变化。大多数危机都会以某种形式得到正式解决，接下来就需要进行彻底的清理，而清理意味着变革。危机过后往往需要反思，着手对现有的秩序进行整改或建立新的秩序。第五，假设你的团队终将渡过难关，而且在经历重重考验后变得更加强大。每次危机都带给我们收获，这往往使团队更加高效、团结。

（改编自杰克·韦尔奇、苏茜·韦尔奇著，扈喜林译，《赢的答案：尊享版》，中信出版社，2017 年）

第十四课

如何进行创新管理？

学习目标

1. 语言功能：能够做会议报告并围绕汇报主题回答相关问题。
2. 语 言 点：介词“随着”；代词“如此”。
3. 专业知识：了解创新管理的相关知识。

一 课文 14-01

（李总在公司会议室里跟职员开会）

李　　总：各位上午好，前段时间公司进行了人力制度方面的改革，今天就由小王来给大家介绍下儿最新的改革成果，大家鼓掌欢迎！

职员小王：大家好，公司这次的整顿主要集中在员工等级划分方面。我们知道，像微软、海尔这样的大公司都对员工的等级进行了精细划分，相应的薪资是随着等级变化的。而在我们公司，所有员工的等级始终保持不变，这样其实很难调动大家的积极性。

李　　总：工资涨得不够明显，大家工作的积极性一直很难被调动起来，整体工作效率也就不太理想。

职员小王：正如李总所说，我们需要借鉴这些大公司的人力管理经验，定期评价每个员工的等级，等级越高，相应的工资也就越高。

职员小杨：我有一个问题。

李　　总：请讲。

职员小杨：请问一共划分了多少级？从现在起，我们所有人的等级都一样吗？

职员小王：是这样的，公司的员工等级一共划分为9级，我们已经根据各位现在的薪资水平确定了初始等级，之后会定期依据绩效和创新力进行评级。

职员小张：什么是“创新力”？能具体说一说吗？

职员小王：这个很好理解的。简单来讲，“创新力”指的就是每位员工都需要参与公司的自主创新。比如说，我们可以为公司提供每年人均5条的合理化建议。

职员小张：原来如此，可是话说回来，这个建议是否合理又由谁来判断呢？

李　　总：关于你说的这个问题，稍后我们会下发关于员工创新力的评估细则，大家看完有不懂的可以随时提问，我和小王会在这里为大家解答。

职员小王：是的，那么关于本次人力革新的介绍就先到这里，现在发放相关细则，请各位仔细阅读。

二　生词 14-02

1. 改革	gǎigé	*v.*	to reform
2. 鼓掌	gǔzhǎng	*v.*	to applaud
3. 整顿	zhěngdùn	*v.*	to rectify
4. 等级	děngjí	*n.*	grade

5. 划分	huàfēn	*v.*	to divide
6. 精细	jīngxì	*adj.*	precise; detailed
7. 相应	xiāngyìng	*v.*	to correspond
8. 薪资	xīnzī	*n.*	salary
9. 随着	suízhe	*prep.*	(along) with
10. 正如	zhèng rú		to be just as
11. 借鉴	jièjiàn	*v.*	to use for reference
12. 人均	rénjūn	*v.*	per capita
13. 是否	shìfǒu	*adv.*	whether
14. 稍后	shāohòu	*adv.*	later
15. 细则	xìzé	*n.*	detailed rules and regulations
16. 解答	jiědá	*v.*	to answer
17. 革新	géxīn	*v.*	to innovate
18. 发放	fāfàng	*v.*	to distribute
19. 阅读	yuèdú	*v.*	to read

专业词语

人力制度	rénlì zhìdù	human resources system

三 注释

1. 相应的薪资是随着等级变化的。

"随着"，介词，引出某一变化的伴随条件，表明条件和变化之间的因果关系。例如：

（1）随着业务拓展，我们公司招聘的外籍员工越来越多。

（2）不止福利津贴，相应的岗位数量也会随着用工实际需要进行调整。

2. 原来如此，可是话说回来，这个建议是否合理又由谁来判断呢?

"如此"，指示代词，意为"这样"，常和"原来"连用，表示说话者突然明白、领悟。例如：

（1）我之前还总不信你说的，今天到这儿来亲眼见了，才发觉果真如此，你的确没有骗我。

（2）原来如此，谢谢李总，您刚才说的我都记下了，保证不会再犯同样的错误。

四 练习

一、选择合适的词语填空

A. 稍后　　B. 相应　　C. 是否　　D. 人均　　E. 发放

1. 财务部将在本月 15 号统一 __________ 奖金，请各部门提前核对名单。
2. 请你们先确认预算 __________ 充足，然后再做决定。
3. 我觉得自己的努力没有换来 __________ 的回报，我想请老师核查一下儿我的成绩。
4. 请等一下儿，您说的地方我知道，__________ 会有人开车送您去。
5. 到目前为止，该地居民的 __________ 月收入已经过万，这要归功于当地旅游业的发展。

二、用所给词语完成对话

1. A：年纪越大，身体越差，这句话我算是体会到了。

   B：____。（随着）

2. A：刚才我的话你都听到了，现在明白了吗？还有没有疑问？

   B：____。（如此）

三、根据课文内容回答问题

1. 公司本次改革主要与哪方面有关？
2. 此次改革借鉴了哪些公司的人力管理经验？
3. 本次改革之后，员工要想提升薪水等级，应当从哪些方面着手？
4. 要想具体了解员工创新力的评价标准，可以翻阅什么资料？
5. 经历本次改革，该公司的员工会发生哪些变化？

四、口头表达

1. 谈一谈你对该公司创新管理措施的评价。
2. 小组讨论后回答：假设你参与了员工创新力评估细则的制订，请为该公司贡献一些激励员工创新的管理措施。

五 拓展阅读

创新资源的挖掘

创新，即创造性地实现资源的重新组合，其中的资源包括信息、资金、人才、品牌、知识产权等一系列有形或无形的资源。自主创新要求企业不断丰富并扩大创新资源，尤其是信息与知识源。为加快这一进程，企业需要对内充分调动员工参与创新的积极性，逐步实现企业自主创新的全员参与。像宝钢集团所要求的员工每年人均 4 条合理化建议，以及每年多人从事竞争信息开发的企业管理方式，就是国内企业在这一方面的有益尝试。而丰田公司更是凭借每年人均 35 条总共 200 万条的建议，成为世界上极具创新能力的企业。

［改编自陈劲、郑刚《创新管理：赢得持续竞争优势》(第 3 版)，北京大学出版社，2016 年］

第十五课 管理创新前沿

学习目标

1. 语言功能：能够主持小型会议，与参与者适时互动；通过倾听、捕捉话语关键信息及及时回应来展开交谈。
2. 语 言 点：量词"届"；副词"可"；程度补语"……得不得了"；紧缩复句"没有……就没有……"。
3. 专业知识：了解管理创新的前沿理论。

一 课文 15-01

（李总在公司会议室里跟职员开会）

职员小王：各位上午好！首先欢迎大家顺利入职，我是今天的主讲人，也是咱们上一届的员工代表。今天非常高兴，受到李总邀请来给大家讲一讲我们公司的企业文化。

李　　总：大家别看王经理年纪轻，他可是公司去年的最佳创新员工，厉害得不得了，一会儿大家伙儿可以好好跟他取取经，尤其是自主创新这个方面，王经理可是拿了很多奖的。

职员小王：李总过奖了，能取得这样的成绩离不开公司良好的工作环境。个人的努力是一方面，背后的企业文化又是一方面，这二者缺一不可。说到企业文化，其实公司始终在强调"创新”的重要性，可以说，没有创新文化就没有我们今天的成就。

李　　总：对，创新是我们企业文化的核心，这一点非常关键，王经理说得特别好。

职员小王：是的，就像李总强调的，创新体现在我们公司文化中的很多方面，比如大家接下来会参观到的创新办公室，还有后面我会提到的一系列对创新员工的奖励政策。

李　　总：不好意思，这里我打断一下儿，我想补充一点就是，最近我们公司又推出了一项鼓励创新的规定，不知道王经理听说了吗？

职员小王：李总说的应该是“10%规则”吧，我略有耳闻，但也只是听同事提起过，具体内容我还不太清楚。

李　　总：是的，那就由我来简单介绍下儿这次的“10%规则”吧。它借鉴的是3M公司的“15%规则”，允许我们的员工花10%的时间探索自己喜爱的工作，目的在于鼓励员工自由地进行自主创新。

职员小王：有道理，员工只要有了可以自由探索的时间，想法就会越来越活跃，积极性也会更高。这个“10%规则”确实不错，是很人性化的一款规定。

李　　总：公司一向注重创新，我也十分期待咱们的新同事能够在这样一种鼓励创新的企业文化中努力探索，向王经理学习，争取拿下今年的最佳创新员工！

二　生词 15-02

1.	届	jiè	*m.*	session; year
2.	邀请	yāoqǐng	*v.*	to invite
3.	别看	biékàn	*conj.*	despite
4.	最佳	zuìjiā	*adj.*	best
5.	不得了	bùdéliǎo	*adj.*	*often used after "得" to indicate degree or extent*
6.	大家伙儿	dàjiāhuǒr	*pron.*	guys
7.	取经	qǔ//jīng	*v.*	to learn from
8.	过奖	guòjiǎng	*v.*	to be flattered
9.	核心	héxīn	*n.*	core
10.	一系列	yíxìliè	*adj.*	a series of
11.	政策	zhèngcè	*n.*	policy
12.	打断	dǎduàn	*v.*	to interrupt
13.	规则	guīzé	*n.*	rule
14.	略有耳闻	lüè yǒu ěrwén		to have heard a little about
15.	允许	yǔnxǔ	*v.*	to allow
16.	探索	tànsuǒ	*v.*	to explore
17.	喜爱	xǐ'ài	*v.*	to like
18.	在于	zàiyú	*v.*	to lie in
19.	活跃	huóyuè	*adj.*	active
20.	款	kuǎn	*m.*	*used for itemized things*

21. 一向	yíxiàng	*adv.*	always
22. 期待	qīdài	*v.*	to look forward to

三 注释

1. 我是今天的主讲人，也是咱们上一届的员工代表。

“届”，量词，用于说明周期性事件的次数或期数。例如：

（1）这一届新员工大都很有个性，有很多不错的想法。

（2）公司上届领导班子就很注重企业文化建设，每次开会都会讲到。

2. 他可是公司去年的最佳创新员工，厉害得不得了。

“可”，语气副词，放在谓语动词前，加重强调意味，突出后面要表达的内容。例如：

（1）我可做不了这么多工作，这是三个人的任务量。

（2）他可是你的领导，你怎么能这么说话！

3. 他可是公司去年的最佳创新员工，厉害得不得了。

“……得不得了”，程度补语，与形容词结合，用于强调程度之高。例如：

（1）听说领导要找自己谈话，小王心里慌得不得了。

（2）他的废话多得不得了，办公室里没人愿意搭理他。

4. 可以说，没有创新文化就没有我们今天的成就。

“没有……就没有……”，紧缩复句，强调前者为实现后者的必要条件。例如：

（1）瞧您这话说的，老师，没有您就没有今天的我，我怎么敢忘记您！

（2）没有平时的努力就没有今天的成绩，她的勤奋我们都看在眼里，她完全配得上这个奖。

四 练习

一、选择合适的词语填空

A. 一系列　　B. 别看　　C. 一向　　D. 探索　　E. 允许

1. 你 ________ 她好像对什么都不在意似的，可只要遇到喜欢的，她就绝对不会放手。
2. 管理者作为团队的主心骨，就应该勇于创新 ________，不畏惧变革。
3. 他 ________ 不喜欢和别人起冲突，看来这回是真生气了。
4. 针对近期大批员工离职这一问题，公司现已出台了 ________ 措施来挽留员工。
5. 我 ________ 你迟几天再交作品，但前提是必须认真完成。

二、用所给词语和结构完成对话

1. A：领导很重视今年的迎新活动，怎么安排在了室内？去年也是这么办的吗？
   B：________________________________。（届）
2. A：今天任务有点儿多，要不你留下来加班吧。
   B：________________________________。（可）
3. A：最近怎么都没去健身房，工作很忙吗？
   B：____________________________。（……得不得了）
4. A："创新"对一个公司来说真有这么重要吗？
   B：__________________________。（没有……就没有……）

三、根据课文内容回答问题

1. 该公司企业文化的核心是什么？
2. 王经理认为取得优秀业绩离不开哪些方面的因素？
3. 该公司的创新文化都体现在哪些方面？

4. 该公司推出“10% 规则”的目的是什么？

5. 本次宣讲面向的主要群体是什么人？

四、口头表达

1. 结合课文，谈一谈创新文化对于企业的重要性。

2. 小组讨论后回答：如果你是该公司的员工，你会如何利用这 10% 的自由时间？谈谈你对“10% 规则”的看法。

五 拓展阅读

创新文化

索尼公司坚持将“技术领先”作为其创新文化的根本导向，在技术创新领域十分活跃；3M 公司作为全球最佳创新公司之一，将“新产品 / 新业务收入占销售收入的比重”作为企业经营的重要指标；微软公司实行员工分级制度，员工薪水根据等级发放。创新型企业往往实行多等级制度的职业生涯制度，微软为 15 级，海尔为 27 级（S9 级、B9 级、U9 级）。

创新文化的运行需要有一定的制度体系作为基础，与技术创新相关的制度包括技术与市场的沟通制度、技术人力资源管理制度等等。真正适合创新的人力制度永远是流动的，因为固化的员工等级往往不具有激励性，员工积极性也难以提高。

［改编自陈劲、郑刚《创新管理：赢得持续竞争优势》(第 3 版)，北京大学出版社，2016 年］

词语表

词语	拼音	词性	英译	课号
			A	
案例	ànlì	*n.*	case; example	12
昂贵	ángguì	*adj.*	expensive	5
			B	
棒	bàng	*adj.*	excellent	4
包含	bāohán	*v.*	to contain	1
本身	běnshēn	*pron.*	oneself	9
彼此	bǐcǐ	*pron.*	each other	4
笔试	bǐshì	*v.*	to give a written examination	8
必需	bìxū	*v.*	to be necessary	8
毕业	bì//yè	*v.*	to graduate	1
避	bì	*v.*	to avoid	8
变动	biàndòng	*v.*	to change	13
表扬	biǎoyáng	*v.*	to praise	10
别看	biékàn	*conj.*	despite	15
冰淇淋	bīngqílín	*n.*	ice cream	12
不愧	búkuì	*adv.*	(*usually used before* "为" *or* "是") worthily	7
不得了	bùdéliǎo	*adj.*	*often used after* "得" *to indicate degree or extent*	15
不怎么样	bùzěnmeyàng		not very good	11
布置	bùzhì	*v.*	to arrange; to assign	11
			C	
财务	cáiwù	*n.*	finance	12
参与	cānyù	*v.*	to participate in	4
仓储	cāngchǔ	*v.*	to keep (grain, etc.) in a storehouse	12
测试	cèshì	*v.*	to test	8

差距	chājù	*n.*	difference	12
差异	chāyì	*n.*	difference	10
产品	chǎnpǐn	*n.*	product	4
趁	chèn	*prep.*	taking advantage of	13
成败	chéngbài	*n.*	success or failure	5
成本	chéngběn	*n.*	cost	2
成效	chéngxiào	*n.*	effect	10
承担	chéngdān	*v.*	to shoulder; to undertake	4
承诺	chéngnuò	*v.*	to promise	4
冲突	chōngtū	*v.*	to collide	2
重组	chóngzǔ	*v.*	to restructure	2
筹备	chóubèi	*v.*	to prepare	11
出色	chūsè	*adj.*	outstanding	10
除此之外	chúcǐzhīwài		besides; in addition	6
储备	chǔbèi	*n.*	reserve	5
传递	chuándì	*v.*	to convey	11
传统	chuántǒng	*n./adj.*	tradition; traditional	3
长远	chángyuǎn	*adj.*	long-term	5
此	cǐ	*pron.*	this; these	12
此时	cǐshí	*n.*	this moment; right now	6
从而	cóng'ér	*conj.*	thus	8
从没	cóng méi		never	5
促使	cùshǐ	*v.*	to enable	6
存储	cúnchǔ	*v.*	to store	12

D

打断	dǎduàn	*v.*	to interrupt	15
打拼	dǎpīn	*v.*	to strive; to work hard	10
大都	dàdōu	*adv.*	mostly	8
大家伙儿	dàjiāhuǒr	*pron.*	guys	15

大数据	dàshùjù	*n.*	big data	12
的确	díquè	*adv.*	indeed	3
等级	děngjí	*n.*	grade	14
地方	dìfāng	*n.*	region; place	3
调动	diàodòng	*v.*	to transfer	7
动摇	dòngyáo	*v.*	to undermine	2
堆	duī	*m.*	(*used of things/people*) pile	7
对等	duìděng	*adj.*	equal in rank/status	7
对于	duìyú	*prep.*	for; with regard to	10
多次	duō cì		repeatedly	13
多样	duōyàng	*adj.*	diverse	4
		E		
而	ér	*conj.*	*used to connect cause and effect*	4
		F		
发布	fābù	*v.*	to release; to issue	13
发放	fāfàng	*v.*	to distribute	14
发挥	fāhuī	*v.*	to bring into play	5
法规化	fǎguīhuà	*v.*	to regulate	2
法律	fǎlǜ	*n.*	law	2
凡事预则立，不预则废	fán shì yù zé lì, bú yù zé fèi		Preparation leads to success; unpreparedness spells failure.	6
烦恼	fánnǎo	*adj.*	worried	11
反映	fǎnyìng	*v.*	to reflect	13
方案	fāng'àn	*n.*	plan; scheme	6
非	fēi	*pref.*	un-; non-	9
分工	fēn//gōng	*v.*	to divide the work	7
分类	fēn//lèi	*v.*	to classify	11
分为	fēnwéi		to divide into	11
风格	fēnggé	*n.*	style	3

服从	fúcóng	*v.*	to obey	9
符合	fúhé	*v.*	to conform to	7
福利	fúlì	*n.*	material benefits	8
辅助	fǔzhù	*v.*	to assist	12
附近	fùjìn	*n.*	(in the) vicinity of	12
赋予	fùyǔ	*v.*	to give; to endow	9

G

改革	gǎigé	*v.*	to reform	14
改善	gǎishàn	*v.*	to improve	4
概括	gàikuò	*v.*	to summarize	2
感兴趣	gǎn xìngqù		to be interested in	1
刚好	gānghǎo	*adv.*	just; exactly	6
岗位	gǎngwèi	*n.*	position; post	7
高峰	gāofēng	*n.*	peak	8
高效	gāoxiào	*adj.*	efficient	7
告知	gàozhī	*v.*	to inform; to tell	11
革新	géxīn	*v.*	to innovate	14
各个	gègè	*pron.*	each	1
各有利弊	gè yǒu lìbì		to cut both ways	8
根据	gēnjù	*prep.*	according to	1
工业革命	gōngyè gémìng		industrial revolution	2
公正	gōngzhèng	*adj.*	fair; just	10
贡献	gòngxiàn	*n.*	contribution	4
沟通	gōutōng	*v.*	to communicate	6
够……的	gòu…de		really; so	6
鼓励	gǔlì	*v.*	to encourage	6
鼓掌	gǔzhǎng	*v.*	to applaud	14
怪不得	guàibude	*adv.*	no wonder	6
关键	guānjiàn	*n.*	key; crux	3

关于	guānyú	*prep.*	about	1
官方	guānfāng	*n.*	official (side)	13
贯穿	guànchuān	*v.*	to run through	2
规划	guīhuà	*v.*	to plan	1
规矩	guīju	*n.*	rule	9
规律	guīlǜ	*n.*	law; rule	3
规则	guīzé	*n.*	rule	15
过奖	guòjiǎng	*v.*	to be flattered	15
过于	guòyú	*adv.*	too; excessively	7

H

含义	hányì	*n.*	meaning	4
好说	hǎoshuō	*v.*	to be easy to negotiate	13
好在	hǎozài	*adv.*	fortunately	2
和谐	héxié	*adj.*	harmonious	3
核对	héduì	*v.*	to check	13
核心	héxīn	*n.*	core	15
后天	hòutiān	*n.*	life after birth	9
后续	hòuxù	*adj.*	follow-up	9
互补	hùbǔ	*v.*	to be complementary	4
划分	huàfēn	*v.*	to divide	14
《黄帝内经》	《Huángdì Nèijīng》		*Yellow Emperor's Inner Canon*	3
回报	huíbào	*v.*	to return; to repay	10
汇报	huìbào	*v.*	to report	11
活力	huólì	*n.*	vitality	6
活用	huóyòng	*v.*	to use flexibly	3
活跃	huóyuè	*adj.*	active	15
货	huò	*n.*	goods	12
获得	huòdé	*v.*	to gain; to obtain	9

J

积累	jīlěi	*v.*	to accumulate	1
基于	jīyú	*prep.*	based on	12
激发	jīfā	*v.*	to stimulate	5
激励	jīlì	*v.*	to motivate	10
即使	jíshǐ	*conj.*	even if	9
给予	jǐyǔ	*v.*	to give	10
技能	jìnéng	*n.*	skill	1
技巧	jìqiǎo	*n.*	skill	5
假设	jiǎshè	*n.*	hypothesis	2
价值观	jiàzhíguān	*n.*	values	10
监督	jiāndū	*v.*	to supervise	12
监控	jiānkòng	*v.*	to monitor	12
将	jiāng	*prep.*	*used to introduce the object before the verb*	10
讲究	jiǎngjiu	*v.*	to be particular about	3
奖金	jiǎngjīn	*n.*	bonus	10
奖励	jiǎnglì	*v.*	to reward	6
交叉学科	jiāochā xuékē		interdiscipline	1
教化	jiàohuà	*v.*	to educate	9
教科书	jiàokēshū	*n.*	textbook	10
解答	jiědá	*v.*	to answer	14
解释	jiěshì	*v.*	to explain	4
届	jiè	*m.*	session; year	15
借鉴	jièjiàn	*v.*	to use for reference	14
《金刚经》	《Jīngāng Jīng》		*Diamond Sutra*	3
紧密	jǐnmì	*adj.*	close; tight	7
尽如人意	jìnrú-rényì		(*usually used in the negative*) just as one wishes	10
进度	jìndù	*n.*	schedule; progress	6

进修	jìnxiū	*v.*	to engage in advanced studies	1
精细	jīngxì	*adj.*	precise; detailed	14
竞争	jìngzhēng	*v.*	to compete	4
捐赠	juānzèng	*v.*	to donate	4
决策	juécè	*v.*	to make a decision	1

K

开拓	kāituò	*v.*	to open up	5
考察	kǎochá	*v.*	to investigate	9
考虑	kǎolǜ	*v.*	to consider	2
客户	kèhù	*n.*	customer	13
客气	kèqi	*v.*	to speak/behave politely/modestly	11
肯定	kěndìng	*v.*	to recognize	6
口头	kǒutóu	*adj.*	oral; verbal	10
库存	kùcún	*n.*	inventory	12
跨国	kuàguó	*v.*	to be international	2
跨学科	kuà xuékē		interdisciplinary	2
款	kuǎn	*m.*	*used for itemized things*	15
扩大化	kuòdàhuà	*v.*	enlargement	7
扩展	kuòzhǎn	*v.*	to expand	2

L

啦	la	*part.*	*combination of* “了” *and* “啊” *to express exclamation, interrogation, etc.*	1
来源于	láiyuán yú		to come from	9
了解	liǎojiě	*v.*	to understand	1
类型	lèixíng	*n.*	type; category	9
离不开	lí bu kāi		can't do without	4
理念	lǐniàn	*n.*	concept; idea	12
理性	lǐxìng	*n.*	rationality	2
历史	lìshǐ	*n.*	history	3

厉害	lìhai	*adj.*	awesome	7
利益	lìyì	*n.*	interest	4
连锁	liánsuǒ	*adj.*	chain	12
联络	liánluò	*v.*	to contact	13
链	liàn	*n.*	chain	2
良好	liánghǎo	*adj.*	good	4
临时	línshí	*adj.*	temporary	13
领导力	lǐngdǎolì	*n.*	leadership	9
流派	liúpài	*n.*	school; genre	2
率	lǜ	*suf.*	rate	9
略有耳闻	lüè yǒu ěrwén		to have heard a little about	15
伦理	lúnlǐ	*n.*	ethics	2
轮换	lúnhuàn	*v.*	to rotate	7

M

满意度	mǎnyìdù	*n.*	degree of satisfaction	7
矛盾	máodùn	*v.*	to contradict	2
没错	méi cuò		correct	5
魅力	mèilì	*n.*	charm	5
面试	miànshì	*v.*	to interview	8
面子	miànzi	*n.*	face; dignity	10
名著	míngzhù	*n.*	famous work; classic	3
命令	mìnglìng	*n.*	order; command	9
模式	móshì	*n.*	mode	3

N

难怪	nánguài	*adv.*	no wonder	3
难以	nányǐ	*v.*	to be difficult to	5
内部	nèibù	*n.*	internal; inside	8
内行看门道，外行看热闹	nèiháng kàn méndao, wàiháng kàn rènao		Experts see the essence, while laymen see the show.	7

能源	néngyuán	*n.*	energy	4
凝聚力	níngjùlì	*n.*	cohesion	11
		O		
偶尔	ǒu'ěr	*adv.*	occasionally	10
		P		
培训	péixùn	*v.*	to train	8
培养	péiyǎng	*v.*	to cultivate	9
匹配	pǐpèi	*v.*	to match	7
贫困	pínkùn	*adj.*	poor	4
频繁	pínfán	*adj.*	frequent	7
品质	pǐnzhì	*n.*	quality	9
评估	pínggū	*v.*	to evaluate	12
凭	píng	*prep.*	through; by virtue of	4
		Q		
期待	qīdài	*v.*	to look forward to	15
期间	qījiān	*n.*	period	6
企业	qǐyè	*n.*	enterprise	2
起源	qǐyuán	*n.*	origin	2
恰好	qiàhǎo	*adv.*	just right	12
前提	qiántí	*n.*	premise	7
潜力	qiánlì	*n.*	potential	10
潜能	qiánnéng	*n.*	potential	5
勤于	qín yú		to be diligent in/at	5
清洁	qīngjié	*adj.*	clean	4
求职	qiúzhí	*v.*	to seek employment	8
取经	qǔ//jīng	*v.*	to learn from	15
权力	quánlì	*n.*	power; authority	9
权利	quánlì	*n.*	right	4
缺乏	quēfá	*v.*	to lack	8

缺陷	quēxiàn	*n.*	defect	9
却	què	*conj.*	but; however	10
群体	qúntǐ	*n.*	group	5

R

人格	réngé	*n.*	personality	9
人工智能	réngōng-zhìnéng		AI (artificial intelligence)	12
人均	rénjūn	*v.*	per capita	14
人力	rénlì	*n.*	human resources	12
认同	rèntóng	*v.*	to approve	5
融合	rónghé	*v.*	to integrate	2
柔性	róuxìng	*adj.*	flexible	7

S

稍后	shāohòu	*adv.*	later	14
设定	shèdìng	*v.*	to set	12
身份	shēnfèn	*n.*	social role	1
深深	shēnshēn		deeply	5
甚至	shènzhì	*conj.*	even	1
生态	shēngtài	*n.*	ecology	3
生物	shēngwù	*n.*	biology	4
胜任	shèngrèn	*v.*	to be competent	8
剩下	shèngxia		to have left (over); to remain	13
实践	shíjiàn	*v.*	to practice	3
实施	shíshī	*v.*	to implement	6
实时	shíshí	*adv.*	real-time	12
试图	shìtú	*v.*	to try; to attempt	9
是否	shìfǒu	*adv.*	whether	14
收获	shōuhuò	*n.*	harvest; gains	5
手段	shǒuduàn	*n.*	means; method	10
书面	shūmiàn	*adj.*	written	11

暑期	shǔqī	*n.*	summer vacation time	7
树立	shùlì	*v.*	to establish	4
数据	shùjù	*n.*	data	12
水涨船高	shuǐzhǎng-chuángāo		When the river rises, the boat goes up too.	7
说不准	shuōbuzhǔn		not sure	2
思考	sīkǎo	*v.*	to think deeply	5
随着	suízhe	*prep.*	(along) with	14
所谓	suǒwèi	*adj.*	so-called	5

T

探索	tànsuǒ	*v.*	to explore	15
特性	tèxìng	*n.*	specific characteristic	9
特意	tèyì	*adv.*	specially; especially	10
提供	tígōng	*v.*	to provide	4
提升	tíshēng	*v.*	to enhance	2
天地人合一	tiān-dì-rén hé yī		unity of heaven, earth and humanity	3
天生	tiānshēng	*adj.*	inborn	9
挑战性	tiǎozhànxìng	*n.*	challenging	7
厅	tīng	*n.*	hall	5
同感	tónggǎn	*n.*	the same feeling	5
统	tǒng	*adv.*	generally	2
统计学	tǒngjìxué	*n.*	statistics	1
投入	tóurù	*v.*	to invest; to input	10
投资	tóuzī	*v.*	to invest	4
团队	tuánduì	*n.*	team	1
推崇	tuīchóng	*v.*	to praise highly	2
推出	tuīchū	*v.*	to launch	13
推荐	tuījiàn	*v.*	to recommend	1
拓展	tuòzhǎn	*v.*	to expand	8

W

网络	wǎngluò	*n.*	network; the web	13
旺季	wàngjì	*n.*	peak season	8
危机	wēijī	*n.*	crisis	13
为止	wéizhǐ	*v.*	to be up to	13
围绕	wéirào	*v.*	to center around	6
唯一	wéiyī	*adj.*	only	9
稳	wěn	*v.*	to stabilize	13
稳定	wěndìng	*adj.*	stable	7
物流	wùliú	*n.*	logistics	12

X

吸纳	xīnà	*v.*	to acquire; to attract	8
喜爱	xǐ'ài	*v.*	to like	15
细则	xìzé	*n.*	detailed rules and regulations	14
下属	xiàshǔ	*n.*	subordinate	9
先驱	xiānqū	*n.*	forerunner	2
限制	xiànzhì	*v.*	to restrict	11
相对	xiāngduì	*v.*	to be in contrast to	2
相应	xiāngyìng	*v.*	to correspond	14
详细	xiángxì	*adj.*	detailed	11
享受	xiǎngshòu	*v.*	to enjoy	12
向着	xiàngzhe	*v.*	to turn toward	6
项	xiàng	*m.*	*a measure word for items*	5
项目	xiàngmù	*n.*	project	6
销售	xiāoshòu	*v.*	to sell	12
小伙子	xiǎohuǒzi	*n.*	young fellow	6
效度	xiàodù	*n.*	validity	8
效率	xiàolǜ	*n.*	efficiency	2
协调	xiétiáo	*v.*	to coordinate	6

协作	xiézuò	*v.*	to collaborate	7
新鲜感	xīnxiāngǎn	*n.*	sense of freshness	7
薪酬	xīnchóu	*n.*	remuneration	8
薪资	xīnzī	*n.*	salary	14
信度	xìndù	*n.*	reliability	8
形态	xíngtài	*n.*	form	3
血液	xuèyè	*n.*	blood	8

Y

呀	ya	*part.*	*used after a word with the end of* -a, -e, -i, -o, -ü, *which is equivalent to* "啊"	7
言行	yánxíng	*n.*	words and deeds	9
炎热	yánrè	*adj.*	scorching	8
研发	yánfā	*v.*	to research and develop	12
研究	yánjiū	*v.*	to study; to research	2
样本	yàngběn	*n.*	sample	13
邀请	yāoqǐng	*v.*	to invite	15
药物	yàowù	*n.*	medicine; drug	4
也好	yěhǎo	*part.*	well and good	13
业务	yèwù	*n.*	business	7
依据	yījù	*n.*	basis; foundation	2
依据	yījù	*prep.*	according to	11
依照	yīzhào	*prep.*	according to	9
一系列	yíxìliè	*adj.*	a series of	15
一向	yíxiàng	*adv.*	always	15
一致	yízhì	*adj.*	congruent	7
遗传	yíchuán	*v.*	to be inherited	9
以	yǐ	*prep.*	based on	2
以便	yǐbiàn	*conj.*	so as to	12
以及	yǐjí	*conj.*	as well as; and	6

一体化	yìtǐhuà	*v.*	to unify; to integrate	12
一同	yìtóng	*adv.*	together	11
异常	yìcháng	*adv.*	exceptionally	10
益处	yìchù	*n.*	benefit	1
意识	yìshí	*n.*	consciousness	4
意味着	yìwèizhe	*v.*	to mean; to imply	3
因素	yīnsù	*n.*	factor	9
引导	yǐndǎo	*v.*	to guide	9
引发	yǐnfā	*v.*	to arouse	13
饮品	yǐnpǐn	*n.*	beverage	12
应届	yīngjiè	*adj.*	this year's	8
拥护	yōnghù	*v.*	to support; to endorse	9
拥有	yōngyǒu	*v.*	to possess; to have	10
用户	yònghù	*n.*	user	13
优化	yōuhuà	*v.*	to optimize	2
优秀	yōuxiù	*adj.*	excellent	3
优异	yōuyì	*adj.*	excellent; outstanding	8
尤其	yóuqí	*adv.*	especially	3
有利于	yǒulì yú		conducive to	4
有所不同	yǒusuǒ bù tóng		to be different	10
有助于	yǒuzhùyú	*v.*	to contribute to; to be conducive to	10
于	yú	*prep.*	*used as a suffix after a verb*	2
与其	yǔqí	*conj.*	rather than	7
宇宙	yǔzhòu	*n.*	universe	3
预料	yùliào	*v.*	to expect	7
遇到	yùdào		to encounter	5
遇上	yùshang		to encounter	8
原理	yuánlǐ	*n.*	principle	5

原则	yuánzé	*n.*	principle	3
阅读	yuèdú	*v.*	to read	14
允许	yǔnxǔ	*v.*	to allow	15
运营	yùnyíng	*v.*	to operate	12
运转	yùnzhuǎn	*v.*	to operate; to run	8

Z

在于	zàiyú	*v.*	to lie in	15
责任感	zérèngǎn	*n.*	sense of responsibility	7
增进	zēngjìn	*v.*	to enhance	11
增强	zēngqiáng	*v.*	to enhance	1
战略	zhànlüè	*n.*	strategy	12
涨	zhǎng	*v.*	to increase; to escalate	7
掌握	zhǎngwò	*v.*	to master; to learn	11
招聘	zhāopìn	*v.*	to recruit	8
召集	zhàojí	*v.*	to call together	11
哲学	zhéxué	*n.*	philosophy	3
这样一来	zhèyàng-yìlái		thus	7
甄选	zhēnxuǎn	*v.*	to select	8
整顿	zhěngdùn	*v.*	to rectify	14
整合	zhěnghé	*v.*	to integrate	2
正如	zhèng rú		to be just as	14
政策	zhèngcè	*n.*	policy	15
之父	zhī fù		founding father of	2
之后	zhīhòu	*n.*	(*usually time*) after a certain point	6
之前	zhīqián	*n.*	before	5
之下	zhīxià	*n.*	under; within	11
之一	zhīyī	*n.*	one of	12
执行	zhíxíng	*v.*	to carry out; to execute	1

职位	zhíwèi	*n.*	position; post	8
职责	zhízé	*n.*	responsibility	7
制订	zhìdìng	*v.*	to formulate; to make	6
质量	zhìliàng	*n.*	quality	4
致力于	zhìlì yú		to apply oneself to	9
秩序	zhìxù	*n.*	order	3
智慧	zhìhuì	*n.*	wisdom	5
众人拾柴火焰高	zhòngrén shí chái huǒyàn gāo		The fire burns high when everybody brings firewood to it.	5
《周易》	《Zhōuyì》		*Zhouyi*	3
主体	zhǔtǐ	*n.*	subject; entity	11
注重	zhùzhòng	*v.*	to emphasize	10
专门化	zhuānménhuà	*v.*	to specialize	2
转向	zhuǎnxiàng	*v.*	to turn to	2
追求	zhuīqiú	*v.*	to pursue	4
着手	zhuóshǒu	*v.*	to set about	13
资源	zīyuán	*n.*	resource	4
仔细	zǐxì	*adj.*	careful	13
自律	zìlǜ	*v.*	to exercise self-discipline	1
自行	zìxíng	*adv.*	on one’s own	11
综合性	zōnghéxìng	*adj.*	comprehensive	1
组建	zǔjiàn	*v.*	to form; to set up	11
组织	zǔzhī	*v.*	to organize	1
组织	zǔzhī	*n.*	organization	2
最佳	zuìjiā	*adj.*	best	15
最终	zuìzhōng	*n.*	final	8
尊重	zūnzhòng	*v.*	to respect	4
遵守	zūnshǒu	*v.*	to abide by	7

专业词语

词语	拼音	词性	英译	课号
			A	
"鞍钢宪法"	"Āngāng Xiànfǎ"		"Anshan Iron and Steel Constitution"	3
			B	
保值	bǎozhí	*v.*	to have the value (of sth.) insured/guaranteed against loss	4
			C	
仓储物流	cāngchǔ wùliú		warehousing and logistics	12
产品研发	chǎnpǐn yánfā		product research and development	12
成中英C理论	Chéng Zhōngyīng C Lǐlùn		C Theory (by Chung-Ying Cheng)	3
			D	
东方管理理论	Dōngfāng Guǎnlǐ Lǐlùn		Oriental Management Theory	3
董事长	dǒngshìzhǎng	*n.*	chairman of the board of directors	1
			F	
非正式沟通	fēizhèngshì gōutōng		informal communication	11
分工协作	fēngōng xiézuò		division of labor and cooperation	7
负责人	fùzérén	*n.*	person in charge	6
			G	
公关	gōngguān	*n.*	public relations	13
股东	gǔdōng	*n.*	shareholder	4
管理控制	guǎnlǐ kòngzhì		management control	12
"管理理论丛林"	"Guǎnlǐ Lǐlùn Cónglín"		"management theory jungle"	2
过程学派	Guòchéng Xuépài		(management) process school	2
			H	
和谐管理理论	Héxié Guǎnlǐ lǐlùn		Harmonious Management Theory	3

《华为基本法》	《Huáwéi Jīběnfǎ》		*Huawei Basic Law*	3
霍桑实验	Huòsāng Shíyàn		Hawthorne experiment	2
		J		
绩效	jìxiào	*n.*	performance	8
"经济人"假设	"jīngjìrén" jiǎshè		"economic man" hypothesis	2
决策管理	juécè guǎnlǐ		decision management	2
		K		
可持续发展	kěchíxù fāzhǎn		sustainable development	4
控制系统	kòngzhì xìtǒng		control system	12
跨文化沟通	kuàwénhuà gōutōng		cross-cultural communication	11
		L		
连锁经营	liánsuǒ jīngyíng		chain operation	12
		M		
目标管理	mùbiāo guǎnlǐ		Management by Objectives (MBO)	6
目标一致	mùbiāo yízhì		goal alignment	7
		N		
内在动机	nèizài dòngjī		intrinsic motivation	10
		Q		
权变管理	quánbiàn guǎnlǐ		contingency management	2
权责利匹配	quán-zé-lì pǐpèi		authority-responsibility-benefit alignment	7
全球产业链	quánqiú chǎnyèliàn		global industrial chain	2
群体沟通	qúntǐ gōutōng		group communication	11
		R		
人际沟通	rénjì gōutōng		interpersonal communication	11
人力制度	rénlì zhìdù		human resources system	14
柔性高效	róuxìng gāoxiào		flexible and efficient	7

S

实习生	shíxíshēng	*n.*	intern	6
市场经济	shìchǎng jīngjì		market economy	4

X

系统管理	xìtǒng guǎnlǐ		system management	2
消费者	xiāofèizhě	*n.*	consumer	4
新闻发布会	xīnwén fābùhuì		press conference	13

Y

员工培训	yuángōng péixùn		employee training	10

Z

增值	zēngzhí	*v.*	to add to the value of (sth.)	4
战略管理	zhànlüè guǎnlǐ		strategic management	2
正式沟通	zhèngshì gōutōng		formal communication	11
主管	zhǔguǎn	*n.*	supervisor	6
资产	zīchǎn	*n.*	asset	4
总裁	zǒngcái	*n.*	president (of a company, a political party, etc.)	1
组织沟通	zǔzhī gōutōng		organizational communication	11
组织结构	zǔzhī jiégòu		oraganizational structure	7
组织设计	zǔzhī shèjì		oraganizational design	7